青少年健康成长必读书系

青少年生活方式的 170个误区

本书编写组 ◎ 编

人的经历是一笔财富，但是，不是所有的财富都有价值每个人的经历要使其体现价值还需要与教育相结合。我们所经历的挑战和接受的教育，将塑造属于我们的未来！

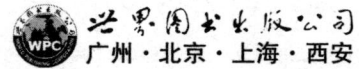

广州·北京·上海·西安

图书在版编目（CIP）数据

青少年生活方式的 170 个误区 /《青少年生活方式的 170 个误区》编写组编. — 广州：广东世界图书出版公司，2011.4（2024.2 重印）

ISBN 978-7-5100-3445-9

Ⅰ. ①青… Ⅱ. ①青… Ⅲ. ①生活方式 - 青年读物 ②生活方式 - 少年读物 Ⅳ. ①C913.3-49

中国版本图书馆 CIP 数据核字（2011）第 058336 号

书　　名	青少年生活方式的 170 个误区 QINGSHAONIAN SHENGHUO FANGSHI DE 170 GE WUQU
编　　者	《青少年生活方式的 170 个误区》编写组
责任编辑	李欣鞠
装帧设计	三棵树设计工作组
出版发行	世界图书出版有限公司　世界图书出版广东有限公司
地　　址	广州市海珠区新港西路大江冲 25 号
邮　　编	510300
电　　话	020-84452179
网　　址	http://www.gdst.com.cn
邮　　箱	wpc_gdst@163.com
经　　销	新华书店
印　　刷	唐山富达印务有限公司
开　　本	787mm×1092mm　1/16
印　　张	10
字　　数	120 千字
版　　次	2011 年 4 月第 1 版　2024 年 2 月第 10 次印刷
国际书号	ISBN　978-7-5100-3445-9
定　　价	48.00 元

版权所有　翻印必究

（如有印装错误，请与出版社联系）

前　言

随着科技、经济的快速发展，人们的生活方式发生了很大的变化。《黄帝内经》一书中写道："上医治未病。"就是说没病时要防病。而培养健康的生活方式，首先是破除生活方式中存在的诸多误区，只有这样才是预防疾病的最佳途径。培养健康的生活方式，对人类的身体健康有百利而无一害。

疾病是由不良的生活方式造成的。如果我们平时注意养成良好的生活习惯，至少可以减少生病的概率。医学研究表明，疾病的发生主要受先天遗传和外部环境两大因素所制约。先天遗传因素无法改变，但外部环境因素是可以改变的。生活习惯是外部环境因素之一，而良好的生活习惯靠每个人自觉养成。有一位医学专家讲过这么一句话："一个成功的医疗处方只能帮助一个人战胜一场疾病，而一种成功的生活方式却让一个人的一生幸福快乐。"世界卫生组织把"合理饮食、戒烟限酒、适当运动、心理平衡"称为"健康基石"。

目前我国青少年学生的身心健康虽有所改善，但是还存在不少隐患。一方面表现在青少年的某些不良的生活方式上，另一方面表现在青少年对正确健康的生活方式的认识模糊和知识缺乏上。研究表明，目前我国中小学生缺少必要的、基本的健康知识，因此对中小学生加强健康的生活方式教育迫在眉睫。这种教育的目的不仅仅是了解与掌握简单的生理卫生常识，而是希望通过教育使学生了解正确的生活方式对于人生、家庭、社会的价值，形成健康意识，掌握保持与增进健康的知识与方法，培养学生的良好生活方式、养生智慧、道德修养及传统的养生方法，以使广大青少年有一个健康的体魄，养成良好的生活方式。

目 录
Contents

饮食篇

早餐没食欲	1
没时间吃早餐	2
早餐吃不吃都行	3
偏爱洋快餐	7
爱吃烧烤	8
吃补品	10
吃钙片补钙	11
吃零食	13
豆浆和鸡蛋同吃	15
边看电视边进餐	16
快速进餐	18
空腹吃水果	19
吃水果不分时间	21
空腹喝奶	22
吃甜食	24
情绪化就餐	26
就餐氛围	26
水的饮用	27
饮料的饮用	32
喝浓茶	35

起居篇

起床后就叠被	37
清晨吸烟	38
空腹喝牛奶	39
如厕看报	39
室内养飞鸟	39
洗澡时间过长	39
宠物上床	40
床头摆电子钟	40
床头摆充电手机	40
卧室摆电脑、电视	40
床头柜摆空气净化器	40
卧室摆放鲜花	41
卧室摆放鱼缸	42
生活用品摆放	42

睡眠篇

习惯"开夜车"	43
睡姿随意	44
蒙头睡觉	45
睡觉紧闭窗户	47

开空调睡觉	48	穿紧身衣	74
睡到自然醒	50	穿　鞋	75
平时熬夜周末狂睡	51	耳机音量放大	76
睡前安静少运动	52	手冻僵在火上烤	77
公交地铁补睡眠	52	吸　烟	78
睡得不好吃补品	52	酗　酒	80
睡回笼觉	53	发炎吃阿莫西林	81
午睡时间过长	53	补碘没标准	83
		佩戴近视眼镜	84
		近视就戴眼镜	85

行为篇

		戴太阳镜对眼睛好	87
吸烟有"风度"	54	腿抽筋补钙	89
好奇模仿	56	舔舐干裂嘴唇	91
交　往	56	抑郁症	93
虚　荣	56	失　眠	94
夸耀攀比	56	心理障碍	96
消　愁	57	虐待动物	97
错误意识	57	爱护动物	98
酗酒生悲	57	不卫生的习惯	99
女生穿高跟鞋	60	久看电视	101
男生穿牛仔裤	61	长期使用电脑	102
赌　博	61		
吸　毒	62	### 卫生篇	
迷恋游戏机	63		
泡网吧	65	不讲卫生	104
不当性行为	67	内衣内裤一起洗	104
		同用生活用品	106

习惯篇

		健康习惯	107
洗　脸	69	久坐不动	107
刷　牙	70	身体亚健康	108
染　发	72	亚健康的预防	110

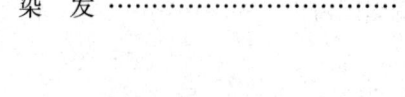

亚健康的表现 ……… 111	暴力凶杀 ……… 136
长期服药 ……… 112	打架斗殴的危害 ……… 137
父母吵架 ……… 112	预防打架斗殴 ……… 138
爱幻想 ……… 114	生理卫生 ……… 138
抠门儿 ……… 116	节食减肥 ……… 141
目标符合实际 ……… 118	吃减肥药 ……… 143
鲁莽行事 ……… 120	生理期保健 ……… 144
沉　默 ……… 122	手　淫 ……… 145
交友的空间 ……… 124	公共卫生 ……… 146
亲子沟通 ……… 126	乱倒垃圾 ……… 148
道德健康 ……… 127	乱扔废弃物 ……… 149
早恋的危害 ……… 132	随地大小便 ……… 150
如何克服早恋 ……… 134	流感误区 ……… 151

饮食篇

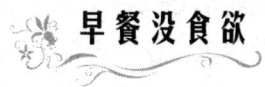
早餐没食欲

1. 晚间吃得太多

有些青少年不吃早餐的常见借口是"没食欲"。其实，在正常情况下，人们的睡眠时间大约占据一昼夜的1/3。因此，有的人说，人类的一半时间是在床上度过的。人们经过一夜的睡眠，不吃也不喝，但尽管如此，仍有许多青少年声称早上不想吃东西，并且把这种习惯称作"没食欲"。

造成青少年早餐"没食欲"的主要原因，是不良的生活习惯。许多青少年感觉只有晚餐应该是最丰富的。晚间有时间吃饭，在家做饭也能做，在餐馆也能尽兴地吃、尽兴地聊，反正吃喝完毕，晚上回家就睡觉了。但事实上，晚上吃得太多，胃肠不容易消化，体内垃圾也很难排泄。

这是因为：①我们身体的新陈代谢，晚上代谢不如白天快；②晚上代谢过程是很漫长的，体内增加了很大的负担。

有人认为，白天很忙，到晚上的时候觉得饿了，而且，也有时间好好地吃一顿补一补。

其实，这是不吃早餐的一个误区，违背了中国人自古流传的这句话："早餐吃好，午餐吃饱，晚餐吃少。"晚上要吃少，晚餐要吃清淡的食物，以蔬菜、水果、谷物为主。这样有利于晚间体内胃肠的消化，到第二天早晨起来，通过晚上摄取的蔬菜，我们就开始了早上正常的排泄。只有把体内的垃圾清扫了，早餐"没食欲"的习惯自然也就改变了。

另外，晚上可以喝一点奶类，不仅对补钙有好处，还可以减少晚餐的摄入量，有助于睡眠。

2. 不按时起床

青少年处在身体生长发育时期，应该保持充足的睡眠时间。正常的睡眠方式，应该是睡到早上起床时间自然醒来。可是，现在的许多青少年不能按正常的作息时间就寝，往往是到了早上起床时间，应该自然醒来的时候，却还在昏昏沉睡。最后因为快到上学时间了，所以必须起床。这时起床，体内的生物钟并没有真正的激活，是靠刺激强迫自己起床。

这时被动起床，好像还没有睡醒，体内的新陈代谢细胞兴奋不起来，整个胃肠活动还没有开始消化食物，所以就会造成早餐"没食欲"现象。

没时间吃早餐

早晨醒来，许多青少年都感觉到匆匆忙忙的，到该吃早餐的时候，时间尤其显得紧张，他们早上不吃早餐，就急急忙忙地按时离开家门。这种时间上的压力，使得许多家庭没有时间去做一份营养早餐，这就是早餐从早上日常事务中消失的常见原因。

事实上，早餐是一天当中最重要的一餐，早餐的营养直接决定一天的饮食质量。不吃早餐，或者早餐质量太低，都会降低上午的学习、工作质量，人也容易感到疲劳。有些青少年为了减肥不吃早餐，这样反而不利于减肥，会导致午饭和晚饭的食量增加，间接增加肥胖的危险。

不吃早餐，还会增加患胃病和胆结石的危险。经过一夜的睡眠，人体失水较多，胆汁浓缩，如果早晨不及时进餐，胆汁无法排出，就容易产生胆结石。

对于早晨时间很宝贵的青少年来说，只要花几分钟就能做出营养的早餐。比如，牛奶加烤全麦面包，用烤面包机烤面包3分钟，同时用微波炉热牛奶1分钟，再花3分钟吃完，一共才用6分钟；或者加热牛奶，再泡上速食燕麦片或混合谷物片，也就几分钟。即使是中式早餐，准备起来也不复杂。头天晚上备好包子等食品，早上热一下，同时用微波炉热一碗豆浆，省时又健康。

对于喜欢零食的人，早餐只要主食、豆制品或肉类或奶类、蔬菜水果三样齐全，就可以了。若哪天实在没时间了，可带上些应急食品，如水果、牛奶、酸奶、坚果等。

早餐吃不吃都行

根据营养学家的分析，早餐是一天中最重要的一餐。身体在经过一夜的睡眠和休息后，已经做好充分准备来迎接一天的工作和学习。早晨吃早餐，需要摄取丰富的营养，为一天的身体机能的消耗储存能源。如果不吃早餐，就会危害青少年的身体健康。

现代人的生活节奏加快，方便面、面包、饼干等方便食品很受人们的青睐。以方便面代替主食，确实省时方便，味道也很鲜美，加上经济条件的提高，人们都愿意花钱省时间吃上方便的美味食品。这也是现代人们生活的一个特点。方便面的确方便快捷，对于学习时间紧张的青少年来说，吃方便面是提高效率的好办法。但是，有些人只图方便，却忽略了营养全面供给这一关键问题，结果因为常吃方便食品造成营养不良，易患某些营养缺乏症。

青少年正在处于生长发育阶段，每天摄入的食物，除了保证身体的基础代谢和各种活动所消耗的能量之外，还需要一部分能量用于生长发育，长高增重。如果营养摄入不足，容易造成身体疲劳、注意力涣散、学习效率低。常吃方便面容易引起营养缺乏、食欲减退、脾胃受损等症状。一般说来，方便食品营养单调不全，方便面中的油炸面块在油炸过程中维生素几乎全部丧失，其营养远远不能满足人体的需要。它的配料中的脱水肉末、脱水菜末、食油、盐、味精等所含的营养也都没有达到人们所需的程度。还有就是料包中添加的牛肉汁、鸡肉汁、虾汁等，虽然味道鲜美，但用量很少。而且方便面里缺乏蔬菜，有的即使有菜末或菜汁，用量也很少。因此，方便食品中并不具备人体所需要的蛋白质、脂肪、矿物质、维生素和水等较全面的营养素，更缺乏能促进胃肠蠕动的纤维素。

因此，人如果常吃方便食品，就会造成某些营养素的缺乏而患病。营养学家的调查研究表明，在长期食用方便食品的人群中，有60%的人营养不良，54%的人患缺铁性贫血，23%的人患维生素 B_2 缺乏症，16%的人缺锌，20%的人因缺乏维生素 A 而患眼疾。此外，有些方便食品还或多或少含有对人体健康不利的成分，如色素和防腐剂等。方便食品还含有较多的油脂，平时存放很容易氧化酸败，人吃了这些食物以后，对身体内重要的酶系统会有一定破坏作用，经常食用这类食物还会使人加速衰老。

方便食品可以说多数家庭都备有，用于应急时食用，但常吃方便食品对健康不利，毕竟方便面里的营养不能完全替代正餐里面的营养，它只会让你变得面黄肌瘦。如果常吃方便面而又无法自拔时，你就应当平衡你的膳食了。正常食物里面除了含有许多人体必需的营养素之外，还具有许多不可或缺的维生素。而你以后的智慧，还有皮肤的好坏都与这些正餐里的维生素有直接的关系。所以，平衡膳食、增加正餐的频率是让你忘却方便面诱惑的关键一步。

我们知道吃方便面对青少年的诸多不利，因此要敬告青少年尽量少吃，同时在吃方便面的时候，多吃些肉类、蛋、蔬菜、水果也能帮你弥补流失的维生素。肉类中含有的营养成分和蛋、蔬菜和水果中的各种维生素，都是你所必需和必备的，它们能帮你调理身体内部的饮食平衡，可以让你不致因嗜吃方便面而精神不振、情绪低落、体弱多病。尽量注意营养，这样才有利于健康成长。

不吃早餐的危害有以下10个方面：

1. **不吃早餐会造成低血糖**

人体经过一夜的睡眠，腹中食物空空，体内的营养早已消耗完，此时血糖浓度处于偏低状态，如果不吃早餐，或吃得很少，不能及时充分补充血糖浓度，就会使血糖浓度继续下降，机体本身将被迫动用肝脏中贮存的糖元来应急，从而出现头晕心慌、面色苍白、四肢无力、精神不振、出虚汗、饥饿感等低血糖征兆，有时甚至出现低血糖休克，影响青少年正常的工作和学习。

2. **不吃早餐影响大脑发育**

大脑组织的重量占人体重量的2%~3%，大脑的血流量每分钟约为800

毫升，耗氧量每分钟约为45毫升，耗糖量每小时约为5克。青少年的脑组织正处于发育期，血、氧、葡萄糖的需求量比成人还高。据专家解释，大脑的能量来源于葡萄糖，这种低聚糖只能聚集在肝脏和肾脏中，而且只能贮存8个小时。

早餐是大脑活动的能量之源。如果青少年不按时进食早餐，体内无法供应足够的血糖以供消耗，血糖降低，就会使大脑能量不足，导致头晕、注意力不集中、引起记忆力衰退，感到倦怠、疲劳，甚至影响大脑功能，脑意识活动出现障碍，反应迟钝。长期下去，势必影响大脑的重量和形态发育，最终导致智力下降，妨害青少年的记忆力和智能的发展。专家们发现，在智力水平相差无几的情况下，吃早餐的学生的记忆力和智能明显高于不吃或少吃早餐者。

3. 不吃早餐易患消化道疾病

正常情况下，头天晚上吃的食物经过6个小时左右就从胃里排空进入肠道。人经过一夜睡眠，早晨起来，胃内食物早已消化殆尽，急需补充。

青少年如果不吃早餐，或吃得很少，胃囊长时间处于饥饿状态，就会造成胃酸分泌过多。胃酸对胃黏膜有刺激作用，胃酸及胃内的各种消化酶就会去"消化"胃黏膜层。长此以往，细胞分泌黏液的正常功能就会遭到破坏，使人体消化系统的生物节律发生改变，胃肠蠕动及消化液的分泌发生变化，消化液没有得到食物的中和，就会对空腹的胃肠黏膜产生不良的刺激，很容易造成胃炎、胃溃疡及十二指肠溃疡等消化系统疾病。另外，不吃早餐的青少年，午饭量必然大增，造成胃、肠道负担过重，容易引发胃痛和其他疾病。

4. 不吃早餐使体内胆固醇升高

不吃早餐的青少年比吃早餐者胆固醇高33%，而所有胆固醇高的青少年，他们血管中都有脂肪纹，这是动脉粥样硬化的早期迹象。

5. 不吃早餐容易诱发胆结石

人体在早晨空腹时，体内胆汁中胆固醇的浓度特别高。在正常吃早餐的情况下，胆囊收缩，胆固醇随着胆汁被排出；如果不吃早餐，空腹时间过长，胆汁分泌减少，胆囊不收缩，长期下去就容易使胆汁中的胆固醇析出而产生结石，胆固醇越积越多，胆结石也会越来越大。

6. 不吃早餐易导致肥胖

有不少青少年，怕长胖而不吃早餐。他们认为不吃早餐可减少热量的摄取，可减轻体重而减肥。其实，这种做法毫无科学道理。人体对热量的需求是有标准的，不吃早餐，就会增加中、晚餐的进食量，造成机体热量过剩，而晚餐后一般运动量较小，热量消耗不了，就会形成脂肪，更容易造成脂肪积累而导致肥胖。然而，人体在营养匮乏时，首先消耗的是碳水化合物和蛋白质，最后消耗的才是脂肪，所以，不要以为不吃早餐就会有助于脂肪的消耗。另外，长期不吃早餐会增加血小板黏度，血小板本来就有凝聚成块的功能，黏度增加，一旦形成结块，就会阻塞心脏的冠状动脉，产生冠心病，还会使胆固醇、脂蛋白沉积于血管内壁，导致血管硬化。

7. 不吃早餐易患心脑血管病

人体在一夜的睡眠中，因呼吸、排尿等显性或非显性发汗，使水分大量失去，如果不吃早餐或不饮水，可导致血容量减少，血液黏稠，血小板集聚性增加，微小血栓容易形成，容易堵塞心脑血管而致病。

8. 不吃早餐易得慢性病

不吃早餐，饥肠辘辘地开始一天的学习或工作，身体为了取得动力，会动用甲状腺、副甲状腺、脑下垂体之类的腺体，去燃烧组织。这样，除了造成腺体亢进之外，更会使得体质变酸，患上慢性病。

9. 不吃早餐会产生便秘

青少年在三餐定时进食的情况下，人体内会自然产生胃结肠反射现象，简单地说，就是促进排便；若不吃早餐已形成习惯，长期下去，可能造成胃结肠反射作用失调，从而产生便秘。

10. 不吃早餐影响寿命

人体的健康长寿靠人体生物钟的支配，不吃早餐打乱了生物钟的正常运转，机体所需的营养不能得到及时的补充，生理机能就会减退，再加上不吃早餐带来的种种疾病对机体的影响，都在影响人的健康长寿。

偏爱洋快餐

洋快餐食物中蔬菜含量过少，一块汉堡包中顶多夹一点少得可怜的生菜和酸黄瓜，纤维含量很低，非常不利于消化吸收。冰激凌和碳酸软饮料的含糖量很大，面粉经过精加工营养成分也损失了很多。洋快餐高热量、高糖分、高胆固醇、低营养，青少年长期吃洋快餐会形成7种危害。

1. 引起肥胖

由于现在的孩子缺乏运动，青少年经常吃洋快餐食品，进入体内的高蛋白、高热量、高脂肪无法代谢，就会在体内形成堆积，促使青少年的身体发胖。在学校，有许多因摄入脂肪和糖分过多，造成热量过剩而变成小胖墩的学生。

2. 患上成年病

身体肥胖导致体内血脂和血糖代谢异常，使血脂、血糖及血压升高，使青少年易患高血压、糖尿病等成年人才患有的代谢综合症。有的病症虽然在青少年时期未发病，但却埋下成年后得高血压、动脉粥样硬化、心脑血管病、糖尿病等病的隐患。

3. 诱发癌症

世界卫生组织和联合国粮农组织近日联合发出警告，称含有致癌毒素丙烯酰胺化合物的食品会严重危害人的健康，特别是"洋快餐"的油炸薯条、薄脆饼、烤猪肉与水果甜点上的棕色脆皮，以及大量油煎油炸快餐等均含有大量丙烯酰胺化合物。

4. 造成营养不良

青少年特别爱吃甜食、喝饮料，这很容易引起饱腹感，到吃饭时就没有食欲了。饭前喝饮料，会稀释胃液，影响对食物的消化吸收。果汁饮料中的色素，很容易沉着在孩子嫩弱的消化道黏膜上，干扰体内多种酶的功能，引起厌食、消化不良。由于甜食中几乎没有蛋白质、维生素、矿物质等营养素，长期吃甜食喝饮料会造成青少年的营养不良，影响生长发育，引发缺铁性贫血等疾病。

洋快餐属于酸性食物，长期吃洋快餐可使青少年体液酸性化，体内为了维持酸碱平衡，就会动用钙、磷、镁等矿物质参加中和，体内钙质减少，就会影响青少年的骨骼发育，易患佝偻病。

5. 降低免疫力

长期吃洋快餐可使体液变为酸性，体内酸碱失衡而危及免疫系统。许多青少年之所以反复患上呼吸道感染，与爱吃甜食和喝含糖饮料过多密切相关。

冰镇饮料对青少年更为不利，咽喉猛然受到过冷的刺激，局部血管收缩，抵抗力下降，极易患上呼吸道感染。许多洋快餐含盐过高，盐的渗透作用可杀死上呼吸道的正常菌群，造成菌群失调；高盐饮食还会抑制黏膜上皮细胞的繁殖，使其丧失抗病能力，导致感染性疾病。

6. 影响智力

爆米花、罐装食品和饮料含铅量高，血铅浓度达到每100毫升5~15微克时，就会引起青少年发育迟缓和智力减退。这是因为铅会直接破坏神经细胞内遗传物质脱氧核糖核酸的功能，使脑内去甲肾上腺素、多巴胺和5-羟色胺的含量明显降低，造成神经递质传导阻滞，造成记忆力减退、痴呆、智力发育障碍。

许多洋快餐含食盐、糖精、味精较多，不仅使人易患高血压、动脉硬化等病，还会影响对脑组织的血液供应，脑细胞长期处于缺氧缺血状态，会导致反应迟钝、记忆力下降。

爱吃烧烤

冬季是烧烤的黄金季节，羊肉串等烧烤食品的生意十分火爆。但近日，世界卫生组织公布了历时3年的研究结果，称"吃烧烤等同吸烟的毒性"。研究表明，1个烤鸡腿等同于60支香烟的毒性，而常吃烧烤的女性，患乳腺癌的危险性比不爱吃烧烤食品女性高出2倍。由于肉直接在高温下进行烧烤，被分解的脂肪滴在炭火上，在与肉里的蛋白质结合后，会产生一种叫苯并芘的致癌物质。人们如果经常食用被苯并芘污染的烧烤食品，致癌物质就会在体内蓄积，诱发胃癌、肠癌。

这是因为肉类食品在烧烤、烟熏和腌制过程中会产生一种致癌物质——苯并芘，苯并芘也正是香烟里的一种有害成分。在烧烤肉类食品时，这种物质会附在烤肉表面，随同烤肉一同进入体内。研究资料表明：10岁以前经常食用烧烤、烟熏、腌制食品的孩子，成年后患癌的可能性比一般人高3倍。苯并芘是一个由5个苯环构成的多环芳烃，当肉类在木头或炭火上烹调时，肉中的脂肪滴入热煤时所形成的烟雾中会产生苯并芘。它是一种强力的致癌剂。此外，蛋白质食品在烹调时要经历一个"热解"的过程，而许多热解物是诱变剂，食入人体同样可诱发癌变。由此可知，经常食用烟鱼、烟肉、烧肉、烧鹅、烧鸡甚至熏过的香肠火腿都对健康不利。

同时，烧烤食物中还存在另一种致癌物质——亚硝胺。亚硝胺的产生源于肉串烤制前的腌制环节，如果腌制时间过长，就容易产生亚硝胺。此外，据近年美国一项权威研究结果，食用过多的烧、煮、熏、烤太过的肉食将受到寄生虫等疾病的威胁，甚至严重影响青少年的视力，造成眼睛近视。经过烧烤，食物的性质偏向燥热，加之孜然、胡椒、辣椒等调味品都属于热性食材，很是辛辣刺激，会大大刺激胃肠道蠕动及消化液的分泌，有可能损伤消化道黏膜，还会影响体质的平衡。

爱吃烤羊肉串的人，应适当控制食量，不宜多吃。若真耐不住馋，可用家用电烤箱、微波炉间接制作。另外，在吃这些烧烤食品时，应特别搭配一些绿色蔬菜和水果，以降低有害物质对健康的损害。

对于青少年而言，要懂得一些吃烧烤的健康原则：

（1）选择低脂食物烧烤。要吃得健康，第一步当然要懂得选择食物。而很多人烧烤最爱烧鸡翼，但一件鸡全翼已有约627焦耳。要品尝烧鸡香味，不妨选择鸡柳，它是较佳的代替品。对于要将瘦身进行到底的女孩来说，只好要些素食蔬菜串、蔬菜沙拉之类的"绿色食品"了。

（2）小心"甜蜜陷阱"。烧烤时，为添加美味，很多人都爱在烧烤食物上涂蜜糖，却未想到一汤匙蜜糖已有约272焦耳，大大增加了热量的摄取！其实想增添食物鲜味，营养师建议大家少吃蜜糖，而不妨选用黑椒粉、芥末等天然调味品，以增加食物的野味。

（3）善用"保护罩"。将食物直接烧烤会产生一种叫苯并芘的致癌物，会黏附食物上，故建议大家只将部分食物作烧烤，而另外的可尝试"反传统"方法，将食物用锡纸包裹后才加热，便能将致癌机会大大降低。以锡纸包裹蔬菜加热，既健康又能减少致癌物质的产生。

（4）食物多元化。烧烤不一定以肉类挂帅，五谷、蔬菜烧起来同样有滋味。五谷类的健康烧烤首选当然是烤玉米了，其不但美味，又易饱肚。此外，红薯、洋葱和香菇一经烧烤，也让人产生与平日完全不同的感觉，甜蜜蜜、香喷喷，都是让人闻香止步的美味。

（5）要注意饮食品的卫生情况。如果家里不方便烧烤的话，买路边烧烤的时候就要特别注意食品的卫生，卖家要有经营许可证明和相关的食品安全证明等。

吃补品

补品是用来补充人体所缺乏的营养物质，提高人体抗病能力，消除虚弱症的物品，其功用主要是针对虚症。青少年的体质坚实，因此只要身体发育正常，就不需要服用补品。相反，青少年服用过多补品后，不仅不会促进身体的健康生长，还会给正常的身体发育带来副作用：

1. 假性性早熟

有些保健品和滋补品里面含有大量激素，有一些市面上的保健品也含有诱发青少年性早熟的物质。性早熟会极大地损害青少年的身心健康。

2. 内分泌失调

很多补品不应给处于成长期的青少年使用，乱服补药会降低青少年的免疫力。

3. 对消化系统造成不良影响

青少年长期服用补品，会导致食欲减退，消化不良。

4. 服用补品和保健品过量会造成身体不适，如恶心呕吐等。

吃钙片补钙

你是不是觉得补钙越多长得越高呢，所以你开始喝牛奶、吃鸡蛋、吃钙片等，只要含钙高的、你爱吃的、能吃的，就无节制地狂吃一通呢？的确，补钙是当今的一种保健时尚，但是很多人往往受商业宣传影响，不讲科学，盲目补钙，结果或事倍功半，或得不偿失。有关专家建议，补钙应该注意以下几点：你认为补钙品的确能改善自己的身体，因而你不断地服用这些产品，并且想当然地认为，只有吃得多，补钙的效果才会明显。于是，你整天抱着巨能钙、盖中盖等补品狂喝一气，以期有好的结果出现。

很多人都知道，钙元素有强骨、固齿的作用。其实，这种矿物元素的生理功效远不止于此，它对整个身体的健康乃至寿命都有深远的影响。钙是支持生命的重要元素，像吃盐一样，人一生中的各阶段都要不断地补钙，但千万别因此被拐进"死胡同"。

钙是人体生命活动的调节剂，是人体生命之源。它能形成和维持骨骼、牙齿的结构，维持人体细胞的正常生理状态。人体的肌肉收缩、心脏的跳动、大脑的思维活动、内分泌以及免疫系统都离不开钙。钙在小肠内的碱性环境下，与氨基酸结合成稳定的氨基酸螯合钙，整体进入小肠细胞，被人体吸收。

钙在人生各个生长发育阶段，从幼年到成年乃至老年都肩负着重要生理功能，是保证人体健康长寿必不可少的重要元素。钙在人体内，一方面构成骨盐，成为身体的支架；另一方面以离子形式参与人体各种生理功能和代谢过程，特别是近年来随着分子生物学的发展，尤其是钙结合蛋白的发现和研究的深入，揭开了钙离子参与人体各种生理生化过程的新篇章。

钙结合蛋白是一种具有特异性、高亲和力或高亲和量，能可逆地与钙相结合的蛋白质，广泛存在于细胞内外，以其与钙的亲和力不同来感受或调控钙离子浓度，从而参与肌肉收缩、血液凝固、神经肌肉的应激性、毛细血管的渗透性、改善微循环和白细胞对细菌的吞噬以及酶的激活、激素分泌等各种生理功能和代谢过程的催化、启动、运输、分泌功能，维持人体循环、呼吸、神经、内分泌、消化、血液、肌肉、骨骼、泌尿、免疫以及生殖等系统正常生理功能的调节作用，维持着人体细胞的正常生理状态，肩负着第二信使的重任，几乎参与一切的生命现象以及多种生理病理过程，是生命活动的调节剂。人的一生必须维持正常钙的生理水平，才能保证健康的需要。没有钙，生命活动就会停止；缺钙，生命活动就会出现障碍，疾病就会发生。

钙对人体非常重要，但也不是越多越好。青少年每日对钙的需求量是700~1200毫克。补钙时摄入的是钙盐而不是简单的钙。不同性质的钙盐，在适应性等方面是有明显差别的。如：碳酸钙不溶于水，食入过多就要消耗大量胃酸；补钙产品中还添加了其他成分，如维生素D，如果摄入过多补钙产品，就会导致维生素D过多症、多发性骨髓痛等。有些人轻易地相信媒体广告的吹嘘，将一些产品的性能视为万能，因而深信不疑，拼命使用，结果就会导致各种身体器官的功能障碍。

俗话说"药补不如食补"，其实我们身边含钙量高的食品比比皆是。天然食物中牛奶每100克含钙100~120毫克，每袋市售牛奶中含钙量约为240~280毫克，而且容易被人体吸收，被认为是最理想的钙源。日本1995年的一项研究显示，牛奶对人类骨骼有"镇静"作用，可减低骨钙丢失。如果一个儿童每天喝500毫升奶，就可以补充600毫克钙，再辅以含钙丰富的蔬菜、豆制品、面包等，基本上可以达到摄钙标准。

豆类尤其是大豆制品中含有的植物性雌激素异黄酮对骨质疏松的防治有很好的作用。鱼虾蟹类、禽蛋肉类、榛子、花生、芝麻等干果、海带、木耳、香菇等均不失为钙的良好来源。豆腐在点卤过程中加入一些电解质，使蛋白沉淀，如南豆腐中加的石膏（硫酸钙），北豆腐加的卤水（含镁的盐），对骨质也是有益的。

专家建议，钙剂的补充可分早晚各1次，或早中晚各1次，一般可在进食时补充。晚上睡前服用可防止夜间血钙浓度下降引起的抽筋，而且对于改善睡眠质量也有较好的效果。贫血病人补钙与补铁的时间最好隔开，钙对铁的吸收有一定的抑制作用，同样铁对钙的吸收也不利。含磷的可乐饮料、酒精，以及富含植酸、鞣酸的食物（如麦麸、菠菜等）会降低钙的吸收。维生素C对钙的吸收有一定促进作用，因此多食富含维生素C的水果或饮用橙汁等有利于钙的吸收。维生素D不仅是钙被机体吸收的载体，而且钙只有在维生素D的作用下才能被骨骼利用。

在日常生活的细节中，要注意减少钙的损耗：食物应保鲜贮存，牛奶加热时不要搅拌以免钙流失；菜不宜切得过碎，炒菜要多加水，烹调时间不要太长；菠菜、茭白和韭菜等含草酸较多的蔬菜，应当先用热水浸泡以溶去草酸。过量补钙不仅是一种浪费，对某些人也可能产生不良影响。在补钙结合补维生素D时，应防止过量维生素D中毒。对绝大多数成人来说，补钙量在每日2000毫克的范围内是安全的。

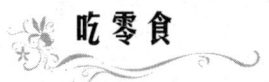

吃零食

世界各国青少年几乎都有吃零食的习惯，吃零食在青少年中是一种较普遍的饮食行为。为了青少年营养素摄入的均衡全面，适当吃一些零食还可提供一些微量元素，并使青少年获得美食享受。但是，在许多青少年中普遍存在5种不良的吃零食习惯：

1. 饭前2小时乱吃零食

零食就是非正餐时间食用的各种少量的食物或饮料，只能作为正餐必要的营养补充。因此，青少年吃零食不要距离正餐太近，中间至少相隔1.5~2小时，睡前也不应吃零食，否则不利于消化吸收及睡眠，还增加了患龋齿的危险。青少年可以根据运动量适当补充一些零食，但每天食用零食的次数应该控制在3次内，且量不宜过多，以不影响正餐食欲和食量为原则。

2. 边看电视、上网边吃零食

一到假期，青少年发胖现象很普遍。这一方面与学习压力减轻有关，另一方面与假期作息生活也有关。比如很多青少年边吃零食边看电视、上网，注意力完全被电脑、电视所吸引，"吃零食"就成为一项无意识的动作，在无意中吃多了。再加上久坐少动，食入的蛋白质和热量增多，身体就会逐渐发胖。此外，许多青少年日夜颠倒的作息时间，过多的休闲聚会等都会增加发胖的机会。尤其是在休闲聚会上，攀谈甚欢，在不知不觉中就会吃下过量的食物，而假日又多缺乏运动，食入体内的过多能量食品很容易转化为脂肪存储在身上。

3. 为瘦身只吃零食不吃主食

有些青少年为了减肥瘦身，只吃零食不吃主食。不吃主食，会导致人体缺少碳水化合物和人体必需的一些 B 族维生素，而零食尽管大多也是以谷物为主料，但为了增加口味，往往添加了很浓的调料，经过各种特殊加工过程，通常破坏了大量维生素，还缺少优质蛋白，因此长期不吃主食，只以零食果腹，就会造成营养不良、贫血等。因此，把零食当作正餐来减肥并不科学，建议女生不要盲目采用。

4. 轻信广告盲目跟风挑零食

有不少的青少年青睐颜色鲜艳、口感新奇的零食。有的喜欢吃色彩鲜艳的棒棒糖，有的喜欢吃新奇好玩的跳跳糖，吃在口里还有弹跳的动感，感觉新奇、兴奋。结果，他们对饭菜就逐渐失去了兴趣，并且由于经常吃糖，还造成满口蛀牙。这些青少年容易轻信广告，并被宣传广告中部分零食特殊的口感和斑斓的色彩所吸引。一旦孩子们看到自己的明星"偶像"出现在广告里，对他们所"推荐"的产品往往不加思考地接受。至于像跳跳糖之类的新奇食物，则满足了孩子好奇的心理。因此，建议在挑选零食时，家长应多指导孩子学会判断，多为他们选择一些新鲜的、天然的、易消化的零食，如可多选富含营养的奶类、果蔬类、坚果类食物，少吃油炸、过甜、过咸的零食。

5. 玩耍时吃零食

有些青少年一边玩耍一边吃零食，这样是很危险的。因为青少年的自制能力较差，在打闹嬉笑中进食，零食很容易误入气管中，从而堵塞气管，造成窒息，危害生命。

6. 睡前吃零食

青少年在临睡前不要吃零食：①睡前吃零食会增加胃肠负担，影响睡眠；②睡前吃零食如果不注意刷牙，残留在牙缝中的食物残渣会不利于牙齿的健康，长期下去会生龋齿。

青少年生活方式的 170 个误区

豆浆和鸡蛋同吃

豆浆是中国人喜欢的早点，豆浆中含有大豆皂甙、酮、大豆低聚糖等具有显著保健功能的特殊保健因子。常饮豆浆可维持正常的营养平衡，全面调节内分泌系统，降低血压、血脂，减轻心血管负担，增加心脏活力，优化血液循环，保护心血管，并有平补肝肾、抗癌、增强免疫等功效，所以有科学家称豆浆为"心血管保健液"。

豆浆和鸡蛋的营养价值可能大家都比较熟悉，两样东西营养价值都很高，那放在一起功效岂不是更大，所以很多青少年早晨起来习惯性的喝杯豆浆、吃个鸡蛋。也许有些东西放在一起会发挥更大的功能，但有些东西放在一起食用反而会成为健康的致命"杀手"。所以无论是何种食物，我们必须了解其营养价值，讲求科学的食用方法，还要注意食物的禁忌，才能达到真正的饮食健康。

豆浆和鸡蛋都是营养价值很高的物质，但是，若用豆浆冲鸡蛋食用，反而起不到补充营养的效果。这是因为，每100克豆浆含蛋白4.4克，每100克鸡蛋含蛋白14.8克。豆浆中含有胰蛋白酶，它能抑制人体胰蛋白酶的活性，影响蛋白质被人体吸收。在生鸡蛋中又含有黏液性蛋白，黏液性质蛋白可和胰蛋白酶结合，阻碍蛋白质的分解，使其不能被人体吸收。蛋白质进入胃肠，经胃蛋白酶和胰腺分泌的胰蛋白酶分解为氨基酸，而后由小肠吸收。但豆浆中的胰蛋白酶抑制物质，能破坏胰蛋白酶的活性，影响蛋白质的消化和吸收。鸡蛋中的黏液性蛋白，能与胰蛋白酶结合，使胰蛋白酶失去作用，从而阻碍蛋白质的分解。因此，豆浆和鸡蛋不宜同食。

喝豆浆的这几大好处，如果用科学的方法去喝就更能体现出来。①不要在豆浆中加红糖。因为红糖含有机酸，与豆浆中的蛋白质结合，引起蛋白变性而沉淀，破坏豆浆的营养和增加吸收的难度。加白糖则无此现象。②不要喝未煮熟的豆浆。黄豆中含有胰蛋白抑制素，在豆浆加工过程中，这种物质虽然遭到很大破坏，但仍残留少部分。如果豆浆煮不透，喝后会出现恶心、呕吐、腹泻等症状。③不要空腹喝豆浆。空腹喝豆浆后会使豆浆中的蛋白质过早地转化为热量而被消耗掉，不能起到喝豆浆的作用。④

不要用豆浆作药引。如果把豆浆和药一起喝，豆浆的营养成分会被药物破坏掉或产生副作用。⑤忌豆浆喝得太多。一般300毫升左右即可，豆浆中有大量的植物蛋白，如果一次喝得太多，会产生过食性蛋白质消化不良，引起消化不良，出现腹胀及腹泻。⑥忌用保暖瓶盛豆浆。豆浆中的皂甙能使保温瓶的水垢脱落，放置时间一长，细菌生长繁殖，豆浆变质，再来食用，有害无益。

但是研究发现，只要科学合理，鸡蛋豆浆可以同食，那到底是什么方法呢，我们来看一看。豆浆煮沸后胰蛋白酶是能被破坏的，可是冲出的鸡蛋半生不熟，此时，蛋白质中仍含有抗生物素蛋白，它与蛋黄中的生物素结合，很难被人体吸收。所以煮熟的豆浆和煮熟的鸡蛋是可以同食的，最重要的一点是一定要确保豆浆煮沸。

生豆浆加热到80~90℃的时候，会出现大量的白色泡沫，很多人误以为此时豆浆已经煮熟，但实际上这是一种"假沸"现象，此时的温度不能破坏豆浆中的皂苷物质。正确的煮豆浆方法应该是，在出现"假沸"现象后继续加热3~5分钟，使泡沫完全消失；不能为了保险起见，将豆浆反复煮好几遍，这样虽然去除了豆浆中的有害物质，同时也造成了营养物质流失。因此，煮豆浆要恰到好处，控制好加热时间，千万不能反复煮。

边看电视边进餐

有些孩子是出于父母的溺爱，有些孩子是由于父母工作太忙，无暇顾及，慢慢养成了生活中一些不好的习惯，比如他们喜欢看着电视吃水果、饮料、大堆的膨化食品，甚至有的家庭喜欢边看电视边吃饭，吃饭娱乐两不耽误。这些生活习惯养成后如果得不到正确指导和改善，势必会影响父母甚至是青少年的身体健康。

专家表示，边吃饭边看电视，有时候还和旁边的人交谈，这属于典型的一心多用的情况。研究发现，一心多用对我们的大脑有很大害处，会影响正常的脑力活动，甚至引发多种身心疾病。比如，边吃饭边看电视，大量的血液要供应脑部工作，会直接影响胃肠道的血液供应。长此以往，势必会影响胃的功能，导致胃病发生。另外，一心多用还会引发一系列危险的精神问题，从成年人的巨大压力和狂躁症，到孩子身上的学习障碍和自闭症等，对身心健康极为不利。

像糖果、爆玉米花和煎土豆片这些不是最有营养的食品，有可能"哧溜"一下就进入孩子的胃里，尤其是他们在看情节紧张的动画片的时候。而像汤、稀粥这些营养食品，对他们又没有多少吸引力，因为他们所喜欢的电视片的主人公都是吃一些可口的东西。总之，电视不能成为人们生活的主要消遣，尤其是对孩子。因为他们的感受力都很强，信息过剩和辐射都会导致机体工作能力降低。孩子的大脑不能在消化食物的同时又消化从电视获得的信息，由此便会出现消化和食欲的紊乱。

研究发现，如果3~5岁的学龄前儿童边看电视边进餐，他的饭量肯定要比那些一心一意吃饭的孩子小得多。俄罗斯一家神经心理学研究中心的主任也认为，吃饭的时候不宜说话，也不能干其他事，否则食物不易消化和吸收，这是众所周知的道理。此外，美国斯坦福大学医学系的研究人员也查明，孩子在电视前面泡的时间越长，他们就会越没完没了地向大人提出各种要求："妈妈，给我买冰激凌！妈妈，给我买麦当劳！"有800名接受研究人员观察的三年级孩子都是这种表现。他们中每个孩子一星期平均得看22个小时的电视，因为厂家都往电视游戏和电视节目里插了广告（糖果、饮料和玩具广告等），于是这些少年消费者购物欲望大增，1个星期买1次玩具，3个星期要尝两种新食品。

也许，边看电视边进餐的危害远不止于此。

（1）边看电视边进餐不利于食物吸收。进餐的同时看电视是一种非常不可取的习惯。这种习惯影响食物的消化和营养的吸收。边吃饭边看电视，看到精彩的地方会不由得哈哈大笑，或没完没了地议论，使吃饭时间延长，对食物咀嚼不利，从而导致消化器官功能减退；边吃饭边看电视，会使人分神，体内流向消化系统的血液量减少，使吸收功能受到影响。

（2）影响饮食。进餐时看电视容易影响食欲。除了生理因素可以引起食欲外，外部因素也可以通过条件反射来增强食欲。边吃饭边看电视，往往过度地关心电视节目，忽视了食物的味道，有时会使本来已经出现的食欲因受到电视的抑制而降低或消失，久而久之会出现营养不良；而有的人会因为看电视非常入神，对食物不能加以控制，反而吃得更多，变成了胖子。

因此，吃饭时尽量让大脑休息、放松，让电视机彻底远离你的视线范围。如果想在吃饭时了解一些新闻时事，可以将电视机放在房间一角，边吃饭边听新闻，或放一些轻松的音乐。此外父母要为孩子树立榜样，在家中不要边吃饭边看电视，最好是饭后20～30分钟再看电视，因为电视机产生的辐射会加重室内污染，影响青少年的身体健康。

快速进餐

学校里的功课很紧，每天都有很多作业要做，回家后爸妈也督促着你，让你抓紧有限的时间去学习。这些客观原因让你变得很匆忙，没有闲暇时间。于是，在用餐时，你便急忙地扒上几口饭，囫囵咽下几口菜，草草了事。

长期快速吃饭，对人的身体十分有害。吃饭过快会使食物不能跟唾液中分泌的酶充分混合，而直接进入到胃肠进行消化，这势必增加胃肠负担。肠道要经过很长时间才能把这些食物充分消化，久之，就会产生胃病及肠炎等疾病。吃饭速度快难免会有咀嚼不充分的食物，这些没有嚼碎的食物在经过咽喉时，很可能会卡在窄窄的通道内，从而引发食物卡嗓、憋气、头晕等症状的发生。另外，这种不仔细品尝滋味的吃法，还会让你丧失对食物的注意而引发厌食症。

吃饭的速度对于健康真的很重要。据健康专家介绍，吃饭速度快的危害很多：

（1）食物的营养质量太低。如果一餐饭能够不到5分钟就吃完，不用说，这餐食物的多样化程度不高，其中的蔬菜很少，水果也很少，没有粗粮和豆类，基本上就是精白米精白面食品加上肉类为主，甚至干脆就是单纯的泡面、汉堡、馅饼、速冻饺子之类。顿顿都是这样的饮食，营养质量能高吗？维生素矿物质抗氧化成分等能足吗？天长日久地这么吃，身体能好吗？

（2）很容易发胖。人们都知道，大脑摄食中枢感知饱的信息需要时间。口腔和胃里消化出来的少量小分子，对于食欲的控制至关重要。因此，过快进餐的数量是不由大脑控制的，只能由胃的机械感受器来感知。然而，对于这种精白细软食物来说，到了胃里面觉得饱胀的时候，饮食已经明显超过身体需求了。另一方面，有研究证实，同样数量的食物，嚼得少、吃得快，就会更容易饥饿。早早饥饿，不仅妨碍工作效率，而且下一餐容易多吃，甚至两餐之间就会主动寻求高热量的零食、点心、饮料，见到高热量的食物就特别冲动。如此，能不容易发胖吗？

（3）患慢性病和癌症的危险加大。精白细软的淀粉类主食，又是那么快速地吃完，血糖上升的速度可想而知，胰岛素的压力之大可想而知，对于预防糖尿病当然是非常糟糕的事情；精白淀粉食物加肉类的配合，让血脂的控制也会变得更难。如果运动不足，35岁之后会非常容易患上脂肪肝、高血脂、糖尿病。口腔的咀嚼绝非没有意义，唾液的充分搅拌能够灭掉不少有毒有害物质。如果放弃了这一步，势必会增加致癌物质作用的危险。而且，精白细软的饮食本身，就不能供应促进致癌物排出的膳食纤维，也不能供应预防癌症所必需的抗氧化成分。长此以往，癌症风险当然会比其他人增大。即便我们不为孩子的现在着想，也应该为孩子的未来担忧。

俗话说"身体是革命的本钱"，先要给孩子一个良好的身体，才能够让孩子有充足的精力学习。细嚼慢咽，才能品出食物的美味。千万不要以为这样会耽误你宝贵的时间，没有好身体，即使时间非常充裕又能做什么呢？另外，细嚼慢咽还能增加唾液分泌量，使食物和唾液充分混合，有助于消化，且唾液进入胃后形成的保护胃部的蛋白酶膜，能预防溃疡病。唾液中含有的溶菌酶有杀菌防病、化解食品的某些毒性和降低黄曲霉素致癌率的功效。还有，细嚼慢咽能促进神经中枢活跃，使人有饱腹感，控制"生物性饥饿"，从而达到节食减肥的目的。肥胖者坚持细嚼慢咽还具有紧牙健齿和美容的功效，这对于青春期既要健康也要美丽的女生很有帮助。

空腹吃水果

很多青少年都会遇到：饿得不行了，吃个水果先垫垫肚子；早晨起床先吃个苹果；我在减肥呢，饿了就吃苹果等诸如此类空腹吃水果的情况。

人们都知道吃水果有益于健康，很多追求苗条的女孩还把它作为一种正餐的食品。常言道："饥不择食"，人在饥饿的时候看见吃的东西就想往嘴里放，可是，有些食物在空腹的时候吃下去会给你的健康带来麻烦。生活中我们都知道空腹喝牛奶、酸奶、豆浆、酒和茶都不利于健康，据《今日美国》健康新闻报道，我们切忌空腹食用几种水果。

（1）香蕉。由于香蕉含有较多的镁元素，空腹吃时，可使人体中的镁元素突然增高，破坏人体血液中的钙、镁平衡，对心血管产生抑制作用，不利于身体健康。

（2）西红柿。由于内含丰富的果胶、柿红酸及多种可溶性收敛成分，如果空腹下肚，以上这些成分容易与胃酸起化学反应，生成难以溶解的硬块状物，引起胃肠胀满、疼痛等症状。这些硬块可将胃的出口幽门堵塞，使胃里的压力升高，造成急性胃扩张而使人感到胃胀痛。

（3）柑橘。内含大量糖分及有机酸。空腹吃下肚，会刺激胃黏膜，会使胃酸增加，使脾胃不适，嗝酸、反胃，使胃肠功能紊乱。

（4）柿子。空腹时胃中含有大量胃酸，它易与柿子中所含的柿胶酚、胶质、果胶和可溶性收敛剂等反应生成胃柿石症，引起心口痛、恶心、呕吐、胃扩张、胃溃疡，甚至胃穿孔、胃出血等疾患。

（5）黑枣。含有大量果胶和鞣酸，易和人体内胃酸结合，出现胃内硬块。特别不能在睡前过多食用，患有慢性胃肠疾病的人最好不要食用。

（6）鲜荔枝。荔枝含糖量很高，空腹食用会刺激胃黏膜，导致胃痛、胃胀。而且空腹时吃鲜荔枝过量会因体内突然渗入过量高糖分而发生"高渗性昏迷"。

（7）山楂。味酸，具有行气消食作用，但若在空腹时食用，不仅耗气，而且会增强饥饿感并加重胃病。

（8）菠萝。内含的蛋白分解酵素相当强，如果餐前吃，很容易造成胃壁受伤。

虽然平和类水果可以空腹食用，但在这里还是不建议青少年养成这种饮食习惯，尽量在吃水果前适量进食，或者喝一杯水。

吃水果不分时间

"早上吃水果是金,中午吃是银,晚上吃就变成铜了。"水果是人民膳食生活中维生素 A 和维生素 C 的主要来源。水果中所含的果胶具有膳食纤维的作用,同时水果也是维持酸碱平衡、电解质平衡所不可缺少的。早上吃水果营养价值最高、晚上吃水果营养价值最低。其中的道理是,人在早起时供应大脑的肝糖耗尽,这时吃水果可以尽快补充糖分。而且,早上吃水果,各种维生素和养分易被吸收。

大家都知道,水果不仅含有丰富的维生素、水分及矿物质,而且果糖果胶的含量也比其他食品高,这无疑给人们的健康提供了充足的营养成分。但调查研究还发现,有不少的青少年还不太了解吃水果的学问、属性,他们往往是缺乏指向性,随意性比较大。水果味道甜美、营养丰富,几乎人人都爱。不过,吃水果的学问不仅仅在于"对症下药",吃的时间也很有学问。有些水果适合餐前食用,可以刺激食欲;有些水果最好在餐后食用,可以帮助食物的消化和吸收;有些早上吃提神醒脑;有些晚上吃安神助眠。

吃水果也要讲究时间,新鲜水果的最佳食用时段是上午。同样是吃水果,如果选择上午吃水果,对人体最具功效,更能发挥营养价值,产生有利人体健康的物质。这是因为,人体经一夜的睡眠之后,肠胃的功能尚在激活中,消化功能不强,却又需补充足够的各式营养素,此时吃易于消化吸收的水果,可以应付上午工作或学习活动的营养所需。

儿童正处于长身体时期,不宜或不适应饭前吃水果。餐后半小时再食用水果有助于消化吸收。水果中糖的主要成分是果糖和葡萄糖,无需通过消化、分解,直接进入小肠就可被吸收。而其他含淀粉及蛋白质成分的食物如米饭、面食、肉食等,则需要在胃里停留一段时间进行消化。如果餐后马上吃水果,消化慢的淀粉蛋白质会阻塞消化快的水果,所有的食物一起搅和在胃里,水果在体内 36~37℃高温下,产生发酵反应甚至腐败,可出现胀气、便秘等症状,给消化道带来不良影响。

对于需要减肥的女孩来说,可以选择餐前吃水果。研究表明:若于进餐前 20~40 分钟吃一些水果或饮用 1~2 杯果汁,则可顺利又无痛苦地防止进餐过多导致的肥胖。因为水果、果汁中富含果糖和葡萄糖，可快速被机体吸收，满足机体对血氧的紧迫"渴求"，水果内的粗纤维还可让胃部有种饱胀感。另外，餐前进食瓜果，可显著减少对脂肪性食物的需求，也就间接地阻止了过多脂肪在体内囤积的不良后果。

在瓜果旺季，对于不同体质的人来说，吃水果也是很有讲究的。虚寒体质的人基础代谢率低，体内产生的热量少，在吃水果的时候应该选择温热性的水果。这些水果包括荔枝、龙眼、石榴、樱桃、椰子、榴莲、杏等。相反，实热体质的人由于代谢旺盛，产生的热量多，经常会脸色潮红、口干舌燥，这样的人群要多吃些如香瓜、西瓜、水梨、香蕉、芒果、黄瓜、西红柿等凉性的水果。而平和类的水果如葡萄、菠萝、苹果、梨、橙子、芒果、李子等，无论是虚寒体质或者实热体质的人均可食用。

鉴于人体酸碱平衡考虑，晚上应适量食用碱性水果如香蕉、柚子、葡萄等。有选择地对症吃水果，就会对自己的身体康复大有帮助。相反，如果只是盲目地去选择，不但无益，反而会有损自己的健康。

 空腹喝奶

昨晚又熬夜了，今天早晨的早餐来不及了，还好冰箱里有牛奶、酸奶，营养价值很高，先凑合着喝吧。你匆匆忙忙爬起来，拿起一袋奶向学校奔去。

青少年日常生活中常饮用的奶类以牛奶和酸奶居多。据介绍，许多孩子清晨喝牛奶，认为这样能将营养成分完全吸收。对此牛奶专家指出，空腹喝奶会很快经胃和小肠排入大肠，结果各种营养成分来不及消化吸收就被排出体外。正确的方法应该是先吃一些食物再喝牛奶。过多的胃酸会导致蛋白质变性沉淀，营养不易被肠胃吸收，严重的会导致消化不良和腹泻。

美、英两国医学专家研究发现，牛奶中含有一种叫α-乳白蛋白的"天然舒睡因子"，它有调节大脑神经和改善睡眠的作用。所以对于牛奶的饮用，最好能改在午睡或晚睡前，可除弊兴利，更好地发挥其作用。如果已经习惯在早餐喝牛奶，也一定要先吃一点其他食物后再喝牛奶，使牛奶在胃肠中的停留多一些时间。如果早餐要喝一瓶牛奶，可先吃米或面食50克，

再加一个鸡蛋和少许酱菜、豆腐干，然后再喝牛奶，使牛奶在胃中与其他食物混合，在胃肠中停留时间延长，有利于其营养成分的消化吸收。由于食物提供的热量足够，消化吸收又较缓慢并充分，使血糖持续较高水平，上午就会精力充沛。

牛奶可加热，但不要煮沸。因为煮沸后，有的维生素会被破坏，而且牛奶中的钙会形成磷酸钙沉淀，影响营养素被人体吸收。煮牛奶也有一定的学问，多数人会将白糖加入牛奶再加火同煮，这样会使牛奶中的赖氨酸与糖在高温作用下发生反应，生成果糖基赖氨酸，这种物质不会被人体消化吸收，反而对人体健康有害，所以煮牛奶应该等煮开牛奶后不烫手时再加糖。其次，不可喝冰箱里的凉牛奶，喝常温奶对身体是最好的。

而酸奶就更不用提了。酸奶是以新鲜的牛奶为原料，经过马氏杀菌后再向牛奶中添加有益菌（发酵剂），经发酵后，再冷却灌装的一种牛奶制品。目前市场上酸奶制品多以凝固型、搅拌型和添加各种果汁果酱等辅料的果味型为多。很多人都知道喝酸奶对身体健康有好处，然而喝酸奶未必都会正确科学地喝。在正常状况下，人体胃液的 pH 值在 $1\sim 3$ 之间，空腹时的 pH 值降到 2 以下，而酸奶中活性乳酸菌能够生长的环境中，pH 值在 5.4 以上。如果空腹时喝酸奶，乳酸菌就会很容易被胃酸杀死，其营养价值和保健作用就会大大降低。而且此时喝酸奶还会导致胃肠加速蠕动，牛奶中的蛋白质和其他物质会很快与肠中的菌类结合，形成难以消化的蛋白质膜。在这种情况下，就很容易引起腹泻和腹部绞痛。

目前市场上有凝固型、搅拌型和添加各种果汁、果肉和果味型的酸奶。经过发酵的酸奶，蛋白质更容易吸收，同时又加入了乳酸菌，提高了酸奶的利用价值。因乳酸菌不仅可以分解牛奶中的乳糖，产生乳酸，增加肠道酸性，还能抑制腐败菌生长和减少弱腐败菌产生毒素的能力。因此，在喝酸牛奶时最主要的就是乳酸菌对人体有巨大的作用。那么，乳酸菌在什么样的环境下才最适宜生存呢？研究表明：如果饭后喝酸奶，这时胃液将被稀释，pH 值上升到 $3\sim 5$，比较适合乳酸菌的生长，特别是在饭后 2 小时内饮用酸奶则效果更佳。

吃甜食

你喜欢吃糖吗？它真的如人们所说给人一种"甜甜蜜蜜"的感觉吗？

俗话说，"食蔗高年乐，含饴稚子欢"。甜蜜蜜的糖，人人爱吃。吃甜食有补充气血、解除肌肉紧张和解毒等功能，而且糖果可以丰富人们的生活，点心中适当加些糖可提高食欲。但吃得过多，甚至嗜好成癖，不但无益，反而有害。

随着人们物质生活水平的不断提高，糖果类的甜食也日益丰富起来。超市的货架上，小卖部的橱窗里，甚至楼下的地摊上都会有五颜六色、引起食欲的糖果。休闲时，捧一袋糖块儿，或者饮一瓶甜味的饮料，的确是一件非常惬意的事情。你似乎对甜食有着难以割舍的爱好，课间聊天，星期日看电视，过年过节大啖甜品也成了你的习惯。

但过多摄入甜食危害多。过多地吃糖会导致人体内的铬随尿液损失掉。铬对于胰岛素充分发挥效用具有重要影响，它的缺乏会使人体易患糖尿病。过量的糖还会在人体内转化为中性脂肪，随着血液的流动，沉积在动脉壁下，日积月累，可导致心肌梗死和脑血栓。

还有，食糖过多还会削弱人体白血球抵御外界病毒的能力，使血糖升高。而高血糖是皮肤感染的条件，会为葡萄球菌生长繁殖创造良好的环境，并造成皮肤感染反复发作，经久不愈。日本学者认为，糖是一种酸性食物，如果大量食用，会使体内酸碱平衡失调，呈现中性或弱酸性环境，这样会降低人体免疫力，削弱白细胞抗击外界病毒进攻的能力，加之钙量不足，可成为致癌的诱发因素。

吃糖过多，糖在人体内表现为较强的有机酸，它促使胃酸增多，加重胃病患者的疼痛，造成胃溃疡等疾病的发生，减低胃肠的蠕动，造成便秘。吃糖过多，在肾脏中产生高浓度的草酸，草酸与钙产生化学作用，生成草酸钙沉淀，就是尿道结石和肾结石的成分。据统计，结石患者多爱甜食。经常吃糖可为口腔的细菌提供生长繁殖的良好条件。这些细菌和残糖在一起，能使牙齿、牙缝和口腔里的酸性增加。牙齿经常受酸性侵蚀，就容易引起龋齿和口腔溃疡。

对青少年而言，吃糖过多还会影响视力和智商。因为糖在体内代谢需要维生素 B_2 参与，而糖本身不含维生素 B_2，故吃糖过多会造成人体维生素 B_2 缺乏。体内维生素 B_2 缺乏时，可使血液、神经或消化系统的组织内丙酮酸和乳酸等积蓄，从而抑制胆碱乙酰化酶，阻碍乙酰胆碱的合成，导致视神经传导障碍。因此，过量吃糖易发生神经炎，尤其是球后神经炎，使视力下降。此外，糖在体内与钙发生中和反应，致使体内钙大量消耗，钙元素的减少，又使眼球壁失去正常的弹性，眼球易伸长，引起轴性近视。德国法兰克福的一名医学博士研究发现，儿童多食糖果和甜食，必然会降低食欲，一日三餐大受影响，结果减少了蛋白质和维生素的吸取量。他说，在儿童时期，脑是身体发育最旺盛的部分。但如果缺少蛋白质和各种维生素，就会使脑发育迟缓，智商不高。因此，不要一味地让孩子吃糖果，以免影响脑部发育。

经常过多吃糖会使人营养不良和贫血。每 1 克糖在体内经过氧化可产生 16.5 千焦耳热量，所以能代替一部分饭菜，以减少食量。这样做，身体所需要的总热量虽然够了，但身体所需要的其他营养素，如蛋白质、脂肪、矿物质、维生素、纤维素等就不够了，会引起营养失调，天长日久，就会发生营养不良和贫血。

糖是人们日常生活中不可缺少的一种食品。那么究竟每人每天吃多少才合适呢？近年来国内外比较一致的意见是：一般情况下，以每千克体重控制在 0.5 克为宜。这样才有益健康，避免某些疾病。

此外，值得注意的是，白糖也不宜"生吃"。

摄入的糖分怎样才是最合理的呢？当然是以不损害到自己的身体健康为标准了。在这个标准下，有节制地进食含糖食品，尽量不要多吃，才是比较明智的做法。你可以到医生那里咨询一下，看看自己体内是否缺糖，然后再根据医生的意见，纠正自己的饮食错误。

要提醒你的是，即使含糖较少的食品，也不宜多吃。平时对含糖食品的诱惑一定要保持清醒的头脑，万不可因贪一时口福，而把自己的身体搞坏。事实上，主食中提供的糖分已经足够一个成年人的需求，所以，养成一个良好而且规律的就餐习惯，合理而且适量地进食主食就可以满足你的需要了。

情绪化就餐

有些青少年通常把就餐作为抑制或缓解不良情绪的一种方式。压力、焦虑、悲伤、生活单调、愤怒、孤独、人际间交往障碍和自尊心不足都可刺激情绪化用餐。许多青少年的情绪化饮食，会出现饮食过量、超重和内疚感。

情绪化饮食，往往会使青少年渴望吃一些具有"慰藉性"的食物。这类食物通常热量高、糖分高、盐分高、脂肪高。女性则更倾向于追求甜食，如巧克力、糖果和曲奇饼干，而男性则热衷于选择比萨饼、牛排等。

就餐氛围

良好的环境、愉快的心情，可以营造轻松的就餐氛围，有利于消化液的分泌、食物的摄取和消化。把愤怒、忧愁、悲伤、惊恐等不良情绪带到餐桌上，就会影响食欲、食物的消化和吸收，对健康不利。因此，要善于调节情绪，使就餐在一种愉快的气氛中进行。

有些家庭不注意就餐氛围，在餐桌上教育子女，甚至生气吵架，这就严重破坏了就餐的气氛。还有许多青少年就餐时存在很多不良习惯：

1. 边吃饭边看电视

边吃饭边看电视往往忽视了食物的味道，影响食欲。另外，会增加大脑负担，抑制消化器官功能，致使消化液减少，影响食物的消化吸收。因此，不要边吃饭边看电视。

2. 吃饭时教训孩子

有些家长经常在餐桌上教训孩子，引起孩子不愉快，破坏了孩子的就餐情绪。当孩子受到训斥时，中枢神经受抑制，交感神经兴奋，使消化液分泌减少或者完全不分泌。孩子会感到唾液减少，食物吞咽不下，恶心呕吐，整个消化系统都受阻。有时孩子是被迫进食，尤其是本来不喜欢吃的东西在家长的强迫下勉强吃下去，也易引发恶心和呕吐。

3. 吃饭时边说边笑

吃饭时说笑，吸入的空气和吃进的食物都要经过咽喉，然后，空气经咽喉进入气管，食物进入食道。呼吸时，会厌软骨抬起，空气畅通无阻；吞咽时，会厌软骨盖住喉口，以免食物进入气管。边吃饭边说笑，吞咽时会厌软骨来不及盖下，食物进入气管，引起剧烈咳嗽。严重时，食物掉进气管还要到医院动手术取出。

水的饮用

1. 晨起不喝水

健康的机体必须保持水分的平衡，人在一天中应该保持着应有的充足水分。而俗语有说，"一日之计在于晨"，清晨的第一杯水尤其显得重要。

清晨起床时是新的一天身体补充水分的关键时刻，此时喝300毫升的水最佳。因为人体在夜晚睡觉时，从尿、皮肤、呼吸中消耗了大量的水分，早晨起床后人体会处于一种生理性缺水的状态。一个晚上人体流失的水分约有450毫升，晨起喝水可以补充身体代谢失去的水分，还能刺激肠胃的蠕动，湿润肠道，软化大便，促进大便的排泄，防治便秘。

人在早上起床后肠胃已经排空，这时候喝水可以洗涤清洁肠胃，冲淡胃酸，减轻胃的刺激，使肠胃保持最佳的状态。而起床后喝的水会很快被肠黏膜吸收进入血液，可有效地增加血溶量，稀释血液，降低血液稠度，促进血液循环，防止心脏血管疾病的发生，还能让人的大脑迅速恢复清醒状态。而早上起床后为身体补水，让水分迅速输送至全身，有助于血液循环，还能帮助机体排出体内毒素，滋润肌肤，让皮肤水灵灵的。

还有一个问题就是水的选择。清晨起床，有人习惯喝1杯白开水，有人习惯喝1杯淡盐水，还有人习惯喝1杯蜂蜜水。到底喝什么水最好呢？

白开水是天然状态的水经过多层净化处理后煮沸而来，水中的微生物已经在高温中被杀死，而开水中的钙、镁元素对身体健康是很有益的。有研究表明，含钙、镁等元素的硬水有预防心血管疾病的作用。早晨起床如饮些白开水，可很快使血液得到稀释，纠正夜间的高渗性脱水。而喝盐水则会加重高渗性脱水，令人更加口干。

忌喝淡盐水。喝淡盐水并不利于身体健康，有研究认为，人在整夜睡眠中未饮滴水，然而呼吸、排汗、泌尿却仍在进行中，这些生理活动要消耗损失许多水分。何况，早晨是人体血压升高的第一个高峰，喝盐水会使血压更高。

白开水有清肠的作用；蜂蜜水有保护血管、通便、降压、消炎、促进创伤面愈合、改善肝脏功能及增强体质的作用；淡盐水可以清理肠胃，使习惯性便秘得到改善。科学研究表明，相比较之下，清晨起来喝1杯蜂蜜水更为科学。人经过一夜的睡眠后，体内大部分水分已被排泄或吸收，这时空腹饮1杯蜂蜜水，既可补充水分，又可增加营养，完全可取代白开水的地位。

早上起来的第一杯水最好不要喝果汁、可乐、汽水、咖啡、牛奶等饮料。汽水和可乐等碳酸饮料中大都含有柠檬酸，在代谢中会加速钙的排泄，降低血液中钙的含量，长期饮用会导致缺钙。而另一些饮料有利尿作用，清晨饮用非但不能有效补充机体缺少的水分，还会增加机体对水的需求，反而造成体内缺水。有的人甚至喜欢早上起床以后喝冰箱里的冰水，觉得这样最提神。其实，早上喝这样的水是不合时宜的，因为此时胃肠都已排空，过冷或过烫的水都会刺激到肠胃，引起肠胃的不适。

清晨喝水必须是空腹喝，也就是在吃早餐之前喝水，否则就收不到促进血液循环、冲刷肠胃等效果。最好小口小口地喝水，因为饮水速度过猛对身体是非常不利的，可能引起血压降低和脑水肿，导致头痛、恶心、呕吐。

2. 不渴时不喝水

人体大部分是水，这些水的新鲜程度，决定了身体的健康状况，只有让身体里的水流动起来，才能充满活力，加速新陈代谢，维护健康水平。因此，适时适量地饮水，对身体健康，皮肤润泽都是非常重要的。

如果等到口渴才喝水，那么这时人体已经缺水了。青少年应当主动定时饮水。除三餐外，一般每天需要另外补充1800~2000毫升的水。天热出汗多时，饮水还要增加。

不渴的时候不喝水，渴了的时候拼命喝水，也许你感觉自己确实已经解渴了，但同时你的身体也发出了一个危险的信号：水中毒。

短时间内过量饮水会导致人体盐分过度流失，一些水分会被吸收到组织细胞内，使细胞水肿。开始会出现头昏眼花、虚弱无力、心跳加快等症状，严重时甚至会出现痉挛、意识障碍和昏迷，即水中毒。

一位美国加利福尼亚州妇女在参加一项喝水比赛后死亡，医院分析后得出的结论是水中毒。这种结果令很多人吃惊：喝水也会把人喝死？据英国广播公司报道，这位叫詹妮弗·斯特兰格的参赛者在进行完比赛后曾表示自己头部剧烈疼痛，然后就回了家，不久有人发现她已经死亡。初步的检查显示她死于水中毒。

通常情况下，人们喝进体内的水首先通过尿液和汗液排出体外，体内水的数量得到调节，使血液中的盐类等特定化学物质的水平达到平衡。如果喝了太多的水，肾不能快速将过多的水分排出体外，血液就会被稀释，血液中的盐类浓度会降低。

血液中盐类的浓度如果比细胞中的浓度还低，水就会从稀释的血液中移向水较少的细胞和器官，而这将引起相应的器官膨胀，引发机体的严重后果。

从事相关研究的罗伯特·弗莱斯特教授给我们举了个例子。他说："如果你将盐水放到洋葱表皮上，它的细胞会因失水萎缩，如果将太多的水放在它上面，细胞就会吸水膨胀。"

弗莱斯特表示，这种膨胀会促使大脑出现问题，当脑细胞膨胀时，外面骨质的脑壳让胀大的体积无处可去。脑内的压力增加，这时你可能就会感到头痛。随着大脑的挤压，呼吸等重要的调节器官功能区域受到压迫。最后这些器官功能将被削弱，这时你可能就会停止呼吸，最终死亡。

那究竟该如何科学饮水呢？又该饮多少呢？

（1）看尿液颜色定喝水多少。很多人对喝水的理解仅仅限于解渴，其实喝水也是一门学问，正确地喝水对健康非常重要。水是生命之源，人体一切的生命活动都离不开水。对于人体而言，水在身体内不但是"运送"各种营养物质的载体，而且还直接参与人体的新陈代谢，因此，保证充足的摄水量对人体生理功能的正常运转至关重要。但是，很多人对喝水的理解仅仅限于解渴。其实喝水也是一门学问，正确地喝水对维护人的健康非常重要。

（2）喝水多少因人而异。医学家称一般而言，人每天喝水的量至少要与体内的水分消耗量相平衡。人体一天所排出的尿量约有1500毫升，再加上从粪便、呼吸过程中和从皮肤所蒸发的水，总共消耗水分是2500毫升左右，而人体每天能从食物和体内新陈代谢中补充的水分只有1000毫升左右，因此正常人每天至少需要喝1500毫升水，大约8杯。

（3）通常每个人需要喝多少水会根据活动量、环境，甚至天气而有所改变。正常人喝太多水对健康不会有太大影响，只是可能造成排尿量增多，引起生活上的不便。但是对于某些特殊人群，喝水量的多少必须特别注意，比如浮肿病人、心脏功能衰竭病人、肾功能衰竭病人都不宜喝水过多，因为喝水太多会加重心脏和肾脏负担，容易导致病情加剧。而对于中暑、膀胱炎、便秘和皮肤干燥等疾病患者，多喝水则可对缓解病情起到一定效果。此外，人在感冒发烧时也应多喝水，因为体温上升会使水分流失，多喝水能促使身体散热，帮助病人恢复健康。而怀孕期的妇女和运动量比较大的人水分消耗得多，也应多喝水。

（4）至于喝水时间，依据专家的意见，切忌渴了再喝，应在两顿饭期间适量饮水，最好隔一个小时喝一杯。睡前少喝、睡后多喝也是正确饮水的原则，因为睡前喝太多的水，会造成眼皮浮肿，半夜也会老跑厕所，使睡眠质量不高。而经过一个晚上的睡眠，人体流失的水分约有450毫升，早上起来需要及时补充，因此早上起床后空腹喝杯水有益血液循环，也能促进大脑清醒，使这一天的思维清晰敏捷。

3. 直接饮用自来水

我国自来水的水质还未达到某些发达国家自来水可直接饮用的水平。

为了消除水中的细菌，自来水厂要向水中注入大量的氯气来达到杀菌的目的，而氯本身就是一种严重危害人体健康的有毒物质。

自来水从水厂出来，要经过像蜘蛛网似的地下管道，流到了千家万户，在漫长的过程中将遭受二次污染，地下管道年久失修，地下污水渗入管道的事情也时有发生。

同时自来水中还有泥沙、铁锈、红线虫、悬浮物等杂质，还有氯、氯化物、亚硝酸盐及汞、铅、砷等重金属。在这种情况下，将自来水煮沸后再饮用是最经济卫生的消毒方法。

4. 反复煮沸的开水

开水中含有相当量的亚硝酸盐，如果反复烧开以后，水中所含的亚硝酸盐就会增多。亚硝酸盐是一种强烈的血液毒，当它大量地进入人体后，能把血红蛋白当中的二价铁氧化成为三价铁，使血液丧失携氧的功能，并导致人体缺氧而窒息。

亚硝酸盐还有一种危险的潜在毒性，它可在胃内与胺类物质化合成为亚硝胺，而亚硝胺是一种非常强的致癌物质。因此，反复烧开的水最好不要喝。

5. 桶装水方便卫生

盛放桶装水的水桶会被反复利用，时间一长，很容易造成真菌感染。那些不正规的生产厂家的产品，卫生状况更加难以保证。饮水机中的开水由于反复煮沸、保温，容易造成矿物质沉淀，也影响健康。

6. 纯净水最健康

纯净水只解决了水污染的问题，却没有解决水退化的问题。这种水无法直接透过细胞膜进入细胞，更不能把人体所需要的营养运送到细胞内，长期喝纯净水会影响营养物质的吸收利用及体内沉淀，加速养分的流失。纯净水太过"纯净"，所有的矿物质和微量元素都被滤去，反倒未必对健康有利。

7. 冰镇水卫生无菌

许多肠道腹泻患者发病的一个重要诱因是无节制饮用冰镇水。喝生水拉肚子是常识，可对于冰镇水，许多人的认识存在误区，不少人甚至认为冰镇是一种很好的消毒方法。其实，在0~4℃的冰镇环境中，细菌照样滋生，根本不能保证卫生健康。从医学角度说，夏天，人体胃酸分泌相对较少，大量饮用冰镇水、冰镇啤酒会进一步稀释胃酸，造成肠道紊乱，由此带来众多相关疾病。

饮料的饮用

1. 用饮料代水

有些家长考虑到孩子学习紧张，消耗大，往往备足各种饮料代替水。但由于饮料中糖分过高，饮用过多，会影响食欲，引起腹胀，不能好好进餐，影响各种营养素的吸收。

许多饮料的含糖量高达10%左右，这对青少年的身体健康非常不利。多喝饮料会产生饱胀感，妨碍正常食欲。有的饮料用了人工合成的甜味剂、香精、色素、碳酸水等，多喝对身体没有好处。饮料除了含有一定的热量，几乎没什么有价值的营养，有可能导致身体发胖。可乐等饮料中含有咖啡因，会对人的中枢神经产生作用，刺激心脏等器官。如果过多地饮用，会出现头疼、头晕、心情烦躁、心跳加快等症状。因此，含有咖啡因的饮料，特别不适合青少年饮用。

近年来随着家庭生活水平的提高，像可乐、雪碧、醒目等碳酸饮料已成为家庭餐桌上的必备品。无论是自己独处时，还是朋友聚会时，青少年非常喜欢饮用大量的碳酸饮料，饮料的独特味道就着餐桌上喷香的饭菜，对他们来说有不小的吸引力。但此时也出现一个令人担忧的问题：伴随着饮料的风靡，饮用水逐渐淡出了青少年的视野，打开冰箱拿出自己喜欢的饮料痛饮一番，似乎成了青少年每天放学回家要做的第一件事。走在大街上，环顾四周，时尚的青年男女们手里端着饮料和朋友举杯庆祝；包里装着饮料，以备不时之需；各种各样的饮料已经在他们生活中占据了重要位置。

碳酸饮料，即我们俗称的汽水，基本成分是水、柠檬酸和小苏打。我们知道柠檬酸和小苏打作用后会产生二氧化碳，喝了之后会在胃中产生许多气体，人体随着部分气体呼出，会有一种清凉畅快的感觉，但同时，这些碳酸气也会与胃酸相结合，引起胃液失效。我们知道胃液的主要成分是盐酸、胃蛋白酶和黏液，是消化食物和保护胃黏膜不可缺少的物质。盐酸具杀菌作用；胃蛋白酶帮助消化食物中的蛋白质；黏液在胃内形成保护层，使各种食物不能直接接触胃壁黏膜。如果饮进太多碳酸饮料，就会使胃液被稀释,从而降低其杀菌能力,也会影响食欲。

其次,各种果汁、汽水或其他饮料中都含有较多的糖或糖精,以及大量的电解质。这些物质不能像白开水那样很快离开胃,如果长期作用,会对胃产生许多不良刺激,不仅直接影响消化和食欲,而且还会增加肾脏的负担,影响肾功能。过多的糖分摄入还会增加人体的热量,引起肥胖。因此,青少年从小养成的爱喝饮料的习惯,会对他们将来的身体健康造成损害。

科学家做过一项实验,把两只老鼠放置于同等环境下生存,一开始只给它们喂食不给它们水喝,而等到 2 个小时以后再去给它们水喝,结果显示,采取这种措施以后的小鼠,其生长速度明显高于吃饭时喝大量水的小鼠。由此,科学家们总结出这样的结论:在吃饭时、吃饭前后的短时间内喝汽水是有害肠胃的。如果青少年想好好保护胃,就不能在吃饭时喝太多的饮料。否则,一旦肠胃出了毛病,只能后悔自己当时不注意了。人的胃是一个非常有限的空间,这里容不得你随便往里填充东西,即使是一日三餐,也只要七八成饱就足够了。因而在吃饭时,尽量不要饮用碳酸饮料。

我们知道了吃饭时饮用碳酸饮料的诸多危害,就应该在日常生活中代之以白开水,尤其是凉白开,对人体健康大有好处。白开水有特异的生物活性,它比较容易透过细胞膜,能促进新陈代谢,增加血液中血红蛋白含量,改善免疫功能,还可以预防咽喉炎和某些皮肤病,使人精神振奋,充满活力。对青少年来说,不仅要重视饮水,而且要科学地饮水。饮水与吃饭一样,应该每日 3~4 次,每次 1 大杯。同时科学上提倡的"每天 8 杯水",还可以有效提高人体抵抗力,预防感冒,同时还要注意要定时定量,不要不渴不喝,渴急了猛喝一通。有些青少年,平时没有饮水习惯,而是在运动后,或天气过热、口干舌燥时才抱壶痛饮一番,把肚子灌得满满的才觉得痛快。这种饮水方法是有害的,容易在短时间内使血溶量剧增,增加心脏负担。因此,青少年在生活中要注意适当少喝饮料,多喝水,同时也要注意饮水的科学性,这样才有利于身体健康。

2. 过量饮用咖啡

有的青少年学生为了提神醒脑,大量饮用咖啡,甚至成瘾。值得注意的是,咖啡饮用过量会使大脑高度抑制,出现血压降低、剧烈头痛等症状。

喝过量咖啡因饮料会产生的症状包括呕吐、恶心、胸口疼痛，甚至出现产生幻觉、焦虑不安、心跳加速等恐慌症状。

3. 放心饮用"健康饮料"

"健康饮料"中含有糖、食用色素和食物添加剂，虽然尚无明确研究显示其有害，但也并不表明它们一定无害。特别是正处于成长发育期的青少年，应该少喝含糖饮料。

4. 碳酸饮料

（1）造成肥胖

碳酸饮料的甜香主要来自于甜味剂，也就是含糖量多。那么过多的糖分被人体吸收，就会产生大量热量，长期饮用非常容易引起肥胖。最重要的是，它会给肾脏带来很大的负担，这也是引起糖尿病的隐患之一。

（2）影响消化

碳酸饮料喝得太多对肠胃非但没有好处，而且还会大大影响消化。因为大量的二氧化碳在抑制饮料中细菌的同时，对人体内的有益菌也会产生抑制作用，所以消化系统就会受到破坏。特别是年轻人，一下喝太多，释放出的二氧化碳很容易引起腹胀，影响食欲，甚至造成肠胃功能紊乱，引发胃肠疾病。

（3）损害牙齿健康

碳酸饮料中过多的糖分不仅会造成肥胖，而且对孩子们的牙齿发育很不利，特别容易腐损牙齿。有调查显示，常饮碳酸饮料，12岁的孩子齿质腐损的概率会增加59%，而14岁孩子齿质腐损的概率会增加22%。也许有人会因此而选择无糖型的碳酸饮料，但尽管喝无糖碳酸饮料减少了糖分的摄入，但这些饮料的酸性仍然很强，同样可能导致齿质腐损。

（4）导致骨质疏松

碳酸饮料的成分，尤其是可乐，大部分都含有磷酸。通常人们都不会在意，但这种磷酸却会潜移默化地影响你的骨骼，常喝碳酸饮料，骨骼健康就会受到威胁。大量磷酸的摄入会影响钙的吸收，引起钙、磷比例失调。一旦钙缺失，对于处在生长过程中的青少年身体发育损害非常大，缺钙无疑意味着骨骼发育缓慢、骨质疏松，所以有资料显示，经常大量喝碳酸饮料的青少年发生骨折的危险是其他青少年的3倍。

（5）易患肾结石

钙是结石的主要成分。在饮用了过多含咖啡因的碳酸饮料后，小便中的钙含量便大幅度增加，使他们更容易产生结石。如果服用的咖啡因更多，那么危险就更大。人体内镁和柠檬酸盐原本是可以帮助人预防肾结石的形成的，可是饮用了含咖啡因的饮料后，将他们也排出体外，使得患结石病的危险大大提高了。

喝浓茶

茶是我国传统的保健饮料，对人体健康有众多好处，但就像吃食物要了解食物的性味一样，喝茶也要了解茶性。饮茶如果不注意方法，也会伤害你的健康。特别是现在很多青少年学习压力大、时间紧张，往往夜晚加班加点，累了、困了不休息，靠浓茶解乏。

我们知道饮茶有益于健康，但并不意味着饮得越多越浓就越好。恰恰相反，常饮浓茶害处很多，既浪费茶叶又有损身体健康。常饮浓茶的主要害处在于：①浓茶中的含氟量偏高，长期饮过浓的茶，反而易引起龋齿，同时还会使牙齿表面沾上一层釉黑色。②由于浓茶中的咖啡碱含量相对较多，如常饮浓茶，咖啡碱大量积累可对整个中枢神经系统产生强烈的兴奋作用，使大脑处于过度兴奋状态，尤其是晚上饮浓茶往往会严重影响睡眠。③经常饮浓茶，人体摄入过多的咖啡碱，还会促使身体分泌胰岛素，从而可能出现低血糖。④常饮浓茶易伤骨。这是因为浓茶中的咖啡碱含量较多，而咖啡碱既会抑制十二指肠对钙的吸收，又会加速尿中钙的排出。由于抑制吸收和加速排泄这双重作用，导致体内缺钙，易诱发骨中钙质流失，天长日久，便会出现骨质疏松症，容易发生骨折。⑤常饮浓茶，由于咖啡碱的刺激作用会促使心跳过快、血流加速、呼吸加快，易导致心律不齐或心动过速。⑥饮浓茶可促使胃酸分泌过多。因为茶中的生物碱可降低能够抑制胃壁细胞分泌胃酸的磷酸二酯酶的活性，使胃壁细胞分泌出大量胃酸，久而久之易形成胃、肠溃疡或使已有的溃疡面难以愈合。⑦常饮浓茶可能会引起便秘。茶叶中的茶多酚对肠胃黏膜具有较强的收敛性，浓茶中的茶多酚含量高，收敛性就更强，会减缓胃的收缩和肠道的蠕动，因而影响到食物的消化和吸收，易引起大便干结甚至便秘。⑧过量饮浓茶还可使不常饮茶或空腹饮茶的人出现"茶醉"现象，即饮茶后感到心悸、乏力、烦躁、头晕、眼花，甚至站立不稳、步履蹒跚。

对于青少年而言，通过饮浓茶可以帮助他们缓解疲劳，让整个人都处于大脑兴奋状态，这样短时间不会发困，但是他们疏忽了浓茶过量饮用会导致氟中毒，特别是晚上还可造成失眠。

人体摄入氟的安全值是每日3~4.5毫克，如果长期超量喝茶，会导致氟斑牙和氟骨症。预防氟中毒，要注意以下3点：①每日饮茶最好不超过5克；②少饮含氟高的砖茶；③肾功能不良的病人不宜大量饮茶。

要想健康饮茶，还要注意"十二忌"：①忌空腹饮茶，茶入肺腑会冷脾胃。②忌饮烫茶，最好56℃以下。③忌饮冷茶，冷茶寒滞、聚痰。④忌冲泡过久，防止氧化、受细菌污染。⑤忌冲泡次数多，茶中有害微量元素会在最后泡出。⑥忌饭前饮，茶水会冲淡胃酸。⑦忌饭后马上饮茶，茶叶中含有大量单宁酸，饭后喝浓茶，会使刚刚吃进的还没消化的蛋白质同单宁酸结合在一起形成沉淀物，影响蛋白质的吸收；茶叶中的物质还会妨碍铁元素的吸收，长期养成饭后喝浓茶的坏习惯，容易引发缺铁性贫血。此外，饭后马上喝茶，大量的水进入胃中，还会冲淡胃所分泌的消化液，从而影响胃对食物的消化工作。⑧忌用茶水服药，茶中鞣酸会影响药效。⑨忌饮隔夜茶，茶水时间久会变质。⑩忌酒后饮茶，酒后饮茶伤肾。⑪忌饮浓茶，咖啡因使人上瘾中毒。⑫不宜饮用的茶叶有：焦味茶、霉变茶、串味茶。

最后要提醒青少年的是尽量减少熬夜的时间，众所周知，熬夜会损害身体健康。人体肾上腺皮质激素和生长激素都是在夜间睡眠时才分泌的，前者在黎明前分泌，具有促进人体糖类代谢、保障肌肉发育的功能；后者在入睡后方才产生，既促进青少年的生长发育，也能延缓中老年人衰老。熬夜对个人的健康是一种慢性危害，尤其对那些间断性（不规律）晚睡的青少年而言，频繁打乱生物钟对健康的危害尤其严重。严重的会影响细胞正常代谢、内分泌功能混乱、身体的抗病能力下降，从而导致各种疾病的发生。对于"熬夜族"来说，捍卫自身的健康可是生活中的头等大事。专家指出一天中睡眠的最佳时间是晚上10时到凌晨6时。

起居篇

起床后就叠被

伸个懒腰起床了,第一件事先把被子叠好,你是不是也习惯这样做呢?感觉自己很勤快,但人睡眠的时候身体排出的毒素附着在被子上,就这样被你又积累起来了,长此以往,能不生病吗?

众所周知,人为了维持生命,每时每刻都不能停止呼吸,即使睡着了也是如此。呼吸时,吸入氧气,保证全身各部的氧的供应;呼出二氧化碳,排出体内的代谢产物。因为人体细胞每时每刻都在进行着新陈代谢,因此每时每刻都需要氧气的供应。如果氧气供应不足,必将严重影响体内细胞的新陈代谢的进行。在正常情况下,人在呼吸时将氧气吸入肺内,氧气在肺泡中和血液里的二氧化碳因浓度差产生交换,交换出的二氧化碳再通过呼吸排出体外。经过呼吸和气体交换,使静脉血变成了动脉血,重新恢复了新鲜血液含氧量,只有这样周而复始地呼吸,周而复始地进行气体交换,才能保证不断地有新鲜血液形成,供应细胞使用,保证身体的各部分器官和组织都处在良好的状态中。

早晨睡醒以后不要着急起床。人们在夜间睡觉的时候,身体的各处系统以及关节都是属于半睡眠的状态,这时候血压会下降、呼吸变得缓慢,连心跳都会变得比平时慢。醒来后,各系统需要从半休眠状态逐渐转变为工作状态。如果马上起床,由于身体尚未适应工作状态,会出现头晕、心慌,甚至四肢乏力、反应迟钝等现象。另外,人的心血管壁在清晨时最脆弱,对高血压、冠心病、动脉硬化、血管狭窄的患者来说,由于夜间血压下降、心跳缓慢，突然起床最容易引发意外。

"早睡早起身体好"是人们耳熟能详的生活谚语，但科学实验表明，这种作息模式的生理效果适得其反。早起不仅令人整日神经紧张、情绪恶劣，而且会有肌肉酸痛、感冒和头痛等症状。很多人早晨起床后，会立即将被子叠起来。其实这是不对的，因为人在一夜睡眠的过程中，呼吸道及全身的皮肤毛孔会排出一些废气，同时皮肤细胞也会排泄一些代谢产物和皮屑等，这些物质都会散布在被子中。起床后立即叠被子，身体排泄出来的代谢物就会继续停留在被子里，等到再次使用被子时，里面贮存的代谢物就会危害身体。因此，早上起来后，应把被子翻过来，让夜间睡觉所产生的水蒸气和汗液挥发掉。

所以，早上醒后不忙起床，先静躺5分钟，同时做10次深呼吸，然后缓慢坐起。

人在一夜的睡眠中，从呼吸道排出的化学物质就有149种，从汗液中蒸发的化学物质有151种。这些水分或气体都被被子吸收和吸附，若立即叠被，易使被子受潮，污染物不易挥发，再次使用会对人体造成不良影响。因此，起床后不宜立即叠被。应当把被子翻开，开窗通气，使水分与气体自然散逸，等待附着在被子上的毒素彻底排空；还应经常晒被子，利用紫外线杀灭病菌；其次就是注意个人卫生，勤换床单、被罩等生活用品。

另外还要注意起床的时间。据报道，伦敦西敏大学的生理学研究人员对42位志愿者进行了一项早起试验。他们请志愿者连续2日、每日8次提供唾液样本，而每日的第一份唾液在早晨醒来马上收集。志愿者起床的时间早为清晨5时22分，最晚是上午10时37分。学者们化验在7时21分之前起床的半数志愿者的唾液时发现，他们的皮质醇（cortisol）分泌明显高于晚起的人，而且整日维持高水平。

清晨吸烟

清晨，当人们睡醒时，新陈代谢尚未恢复到正常水平，呼吸的频率较慢，体内积滞的二氧化碳较多，这时青少年如果吸烟，会使支气管因抽烟的刺激而导致痉挛收缩，使二氧化碳的排出受阻，从而产生气闷、头晕、乏力等症状。

空腹喝牛奶

有些青少年喜欢在清晨空腹时喝一杯牛奶，这是不对的。因为牛奶中的蛋白质经过胃与小肠消化成氨基酸才能在小肠被吸收，而空腹喝牛奶时胃排空很快，蛋白质还不及被吸收即排到大肠，不但造成营养的浪费，而且蛋白质还会在大肠内腐败成有毒物质。

如厕看报

大便是人的神经低级和高级中枢共同参与的活动，许多青少年习惯拿上一份报纸或一本书，一蹲就是小半天。如厕看书报会使排便意识受到抑制，失去了直肠对粪便刺激的敏感性，久而久之会引起便秘。

室内养飞鸟

有些青少年喜欢在卧室养飞鸟，殊不知鸟粪中带有鹦鹉病毒、岛型结核杆菌及寄瞒，鸟粪被鸟踏碎以后，病毒与病菌便飞扬在空气中，这对室内的身体健康很不利。若人体长时间吸入，会诱发呼吸道黏膜充血、咳嗽、痰多、发烧等症状，严重者还会出现肺炎与休克。

洗澡时间过长

清晨洗澡时，热水产生出大量的水蒸气，附在水中的有毒物质如三氯乙烯、三氯甲烷等分别被蒸发80%和50%以上。有些有毒物质随蒸气而被身体部分吸收，进入血液循环系统，危害很大。而且，在较热的水中洗澡时间过久对心脏也不利。

宠物上床

喜欢宠物的青少年，有搂着猫狗睡觉的习惯，宠物会将身上的人畜共通疾病传染给人，根据国外的研究报告，狗能直接或间接使人得300多种疾病，这些疾病都来源于宠物身上，不要和宠物过于亲密，才能有效地杜绝传染病的发生。

床头摆电子钟

一般说来，电子闹钟都摆放在离头部不远的床头柜上，闹钟的电磁场会对大脑的工作施加不良影响。

床头摆充电手机

充电的手机有电磁辐射，不宜摆在卧室里，而应放在隔壁的屋子里。

卧室摆电脑、电视

有些青少年喜欢上床后把笔记本电脑放在腿上写东西、看材料，或者把书本散落得一床都是，这种做法会严重影响睡眠。

看电视容易使精神兴奋，难以入眠。相对而言还是看书较能够稳定心绪。专家认为，电视还是放在客厅里好。

床头柜摆空气净化器

首先，空气净化器会在自己周围形成一个潜在而危险的电磁场。其次，不能靠空气净化器太近。最安全的距离在产品说明书上应该标明。如果里面没有具体数字，可以自己计算出来，用电极的工作电压去除以10。如果空气净化器的电压是20瓦，那它和人之间的最起码距离应是2米，10瓦便是1米，依此类推，应该照这样去把握距离。总之，绝大多数空气净化器都不应靠床摆放。

卧室摆放鲜花

有些喜欢花卉的青少年，在居室中摆上几盆花卉，这不仅能起到了美化环境的作用，也能让人身心愉悦。然而，中国室内环境监测中心日前提出，有些花卉是不宜放在卧室中的。

（1）兰花：它的香气会令人过度兴奋，而引起失眠。

（2）紫荆花：它所散发出来的花粉如与人接触过久，会诱发哮喘症或使咳嗽症状加重。

（3）含羞草：它体内的含羞草碱是一种毒性很强的有机物，人体过多接触后会使毛发脱落。

（4）月季花：它所散发的浓郁香味，会使一些人产生胸闷不适、憋气与呼吸困难。

（5）百合花：它的香味也会使人的中枢神经过度兴奋而引起失眠。

（6）夜来香：它在晚上会散发出大量刺激嗅觉的微粒，闻之过久，会使高血压和心脏病患者感到头晕目眩、郁闷不适，甚至病情加重。

（7）夹竹桃：它可以分泌出一种乳白色液体，接触时间一长，会使人中毒，引起昏昏欲睡、智力下降等症状。

（8）松柏：松柏类花木的芳香气味对人体的肠胃有刺激作用，不仅影响食欲，而且会使孕妇感到心烦意乱、恶心呕吐、头晕目眩。

（9）洋绣球花：它所散发的微粒，如与人接触，会使人的皮肤过敏而引发瘙痒症。

（10）郁金香：它的花朵含有一种毒碱，接触过久，会加快毛发脱落。

（11）黄花杜鹃：它的花朵含有一种毒素，一旦误食，轻者会引起中毒，重者会引起休克。

因此，青少年朋友，千万不要把这些对身体有害的花卉摆放卧室里。

卧室摆放鱼缸

最好不要在卧室内养鱼，这是因为，水族箱的体积不同于一般鱼缸，散发的水汽很多，会使室内的湿度增大，容易滋生霉菌，导致生物性污染；水族箱的气泵还会产生噪音，影响睡眠。

生活用品摆放

（1）牙刷放在卫生间的洗脸池上。平均每30平方厘米的抽水马桶内壁上就有320万个细菌。当你冲水时这些细菌就会呈烟雾状散开，落在牙刷上。所以，牙刷最好不要暴露在卫生间内，应放在浴室柜里。

（2）运动鞋、凉鞋放在卧室储藏室里。鞋底常常会携带花粉等过敏原或细菌，所以鞋子应该放在通风的地方。

（3）晚上看书时将灯置于头顶。把灯放在头顶上会影响人体褪黑素分泌，让人越看越清醒。可以选择瓦数低一些的灯，在柔和的灯光下慢慢入睡。

睡眠篇

 习惯"开夜车"

长期"开夜车",对青少年学生身体健康极为不利,是一种不良的学习习惯。

按照人体生命活动节律来讲,白天学习、运动所造成的机体损耗,要靠晚上的睡眠来补充,尤其是内分泌腺所分泌的激素,有25%～35%是在人体睡眠时分泌的。

长期睡眠不足,必然会破坏体内新陈代谢的节律,使身体消耗得不到应有的补充,而且激素合成不足,会影响内环境的平衡。

近年来的研究发现,促进人体发育的生长素只有在夜间才由脑下垂体前叶分泌。因此,青少年学生白天劳累,夜间又休息过晚,会导致生长激素分泌的紊乱,会妨碍身体的发育。

脑活动需要大量的蛋白质,这一物质基础的补充同样也是在夜间进行的。在夜间睡眠时,体内就合成大量蛋白质为醒来工作作准备。

此外,脑本身也需要夜间睡眠来恢复它的功能。科学家研究指出,晚上10点到凌晨2点,是人体旧细胞死亡、新细胞生成最活跃的时间。这时睡眠不足,人体细胞的新陈代谢活动就会受到影响,细胞衰老就越快,长期下去会影响中小学生的身体发育。

从心理医学角度看,长期睡眠不足,可造成人的心理疲劳,导致情绪发生不良改变和行为异常,可引起焦虑、忧郁、急躁等情绪反应;也会直接产生生理上的损害,造成食欲不振、消化不良、免疫功能下降,还会引发失眠症、神经官能症等疾病。

 睡姿随意

俗话说，人生有1/3的时间是在睡觉。实际上，如果你的睡眠出问题，这1/3的时间，也会大大影响你另外2/3的活动时间。美国著名心理学家指出，正确的睡姿可让身体有机会好好地进行新陈代谢，恢复体力，提高免疫能力，并有助于加强记忆和学习能力。

然而，要减少身体上的压力，维持脊椎自然"S"形是非常重要的。姿势不正确，会造成背部肌肉操劳过度，结果产生背痛或背部僵硬的问题。谈到正确姿势时，很多人都知道在日常生活或工作上，要"善待"背部，以免让它负荷过重，但是有另外一点，却是许多人都忽略的，就是在睡觉时，也应该保持良好的睡姿。睡眠姿势不外乎俯卧、仰卧、侧卧这几种。由于各人的习惯不同，有人喜欢侧卧，有人喜欢仰卧等。有统计资料表明，在各种睡眠姿势中，侧卧占35%，仰卧占60%，其余5%为俯卧。从睡眠卫生的要求来说，以双腿弯屈朝右侧卧的睡姿势最合适。这样，使全身肌肉松弛，有利于肌肉组织休息、消除疲劳，不会使心脏受压，还可以帮助胃中食物朝十二指肠方向推进。

"卧如弓"是经常挂在人们嘴边的口头禅，说的是睡眠时侧卧的姿势。为什么睡觉时要"卧如弓"呢？其中确有一定的科学道理。睡眠的姿势有仰卧、俯卧、侧卧等多种。仰卧位是最为常见的睡卧姿势，古人称这种睡眠姿势为"尸卧"，即死人的卧姿，这种称谓虽说不雅，但四肢可以自由伸展，体内的各个器官也较为舒适，不过仰卧位时不利于全身充分地放松，尤其是腹腔内压力较高时容易使人产生憋得慌的感觉。俯卧时会阻碍胸廓扩张，影响呼吸，并且可使心脏受压，是一种不利于健康的睡眠姿势，不宜采取。侧卧时，双腿微屈，全身易于放松，有利于解除疲劳，尤其是采取右侧卧位时，既不至于对心脏产生压迫，同时也有利于胃内食物向肠内输送，是最佳的睡眠姿势。

古代养生学家也是主张睡眠时以侧卧为宜。如《千金要方·道林养性》中指出："屈膝侧卧，益人气力，胜正偃卧。按孔子不尸卧，故曰睡不厌

卧，觉不厌舒。"说的是屈膝侧卧胜过正面仰卧，由于孔子不主张"尸卧"（即正面仰卧），所以他说睡卧时不怕弯身屈腿，醒过来时不怕舒展肢体。正是由于睡卧时将躯体侧弯成"弓"形睡得更安稳，更有利于健康，所以有"卧如弓"之谓。

　　从生理学观点看，右侧卧也是比较科学的。右侧卧时，右肺空气吸入量占全肺的59%，右肺循环血量占全肺的68%（由于重力作用，下肺的肺血流量肯定多）。而左侧卧时，左肺的上述两项指标相应分别为38%和57%。空气吸入量所占百分比与血流量所占百分比相比，右侧卧时较为接近（相差9%），左侧卧时相差较大（相差19%），而人体需要的氧经气体交换后是靠血液来运输的，由此看右侧卧优于左侧卧。另外心脏位于胸腔内左右两肺之间而偏左，左侧卧时心脏易受挤压，易增加心脏负担，正常人侧卧时以右侧为合理。但侧卧要注意睡的枕头不宜太低，否则会使颈部感到不适。

　　还有就是不能伏案睡觉。午休时间，许多人习惯于伏在办公桌上打个盹。这种休息方式是不利于健康的。①人在睡熟之后，由于全身基础代谢减慢，体温调节功能亦随之下降，导致机体抵抗力降低，特别是在气温较低的冬春季，即使背部盖有衣物，醒来后，往往也会有鼻塞、头晕等症状。②当头部枕在手臂上时，手臂的血液循环受阻，神经传导也受影响，极易出现手臂麻木、酸疼等症状。③伏在桌上睡觉还会殃及大脑。这是因为此时头部的位置过高，入睡时流经脑部的血液减少，容易引起脑缺血。经常采用这种方式睡眠，势必会因大脑的氧和其他营养物质减少而造成对大脑功能的影响。所以，应尽量少伏案睡觉，以利健康。

　　所以，青少年要培养有规律的睡觉习惯和正确的睡姿，从生活中善待自己。

蒙头睡觉

　　如果你从小养成了一个习惯——蒙头睡觉，你觉得这样的环境你才睡得香，睡得安静，如果你家住在闹市区，每夜噪声不断，为了让自己的睡眠不受噪音干扰，你想了个好办法：蒙头睡觉。这样做过之后，你觉得自已彻底地和外面喧嚣的声音隔绝了。当一切都安静下来以后，的确睡得很安稳，你也乐于在这种环境下睡觉，你觉得这样可以改善自己的睡眠状态。的确这样的睡觉习惯短时会带给你益处，但你知道它长期会带给你什么危害吗？

（1）蒙着被子睡觉会严重地影响呼吸。因为蒙头后使头部空间变小，空气难以流通，呼吸使氧气的量逐渐减少；与此同时，因呼出的二氧化碳难以散出而使头部周围的二氧化碳越来越浓。如此，呼吸的气体便不能使肺与血管充分地进行气体交换，致使身体各部分器官失去良好的调节，新陈代谢速度降低。所以有这种习惯的人早晨醒来常常眼皮浮肿，精神萎靡，没精打采，甚至呵欠连连，浑身发酸。这种症状主要是大脑代谢受到影响的表现。虽然人已起床，但大脑却仍处于半睡眠状态，脑神经的活动不能马上恢复正常。这种状态如何能读好书或做好工作呢？有的甚至会影响一整天的工作和学习。

（2）蒙头睡觉会使被窝里的空气不流通，外面新鲜空气进不去，那么人呼出的二氧化碳就会越来越多，吸进的氧气就会越来越少。由于二氧化碳强烈刺激呼吸神经中枢，就会使人憋气、全身出汗、多梦，甚至从梦中突然惊醒。时间长了，会因缺少氧气使心脏严重受损，引起心脏病。大脑缺氧还会引起气闷、头痛、眩晕、精神不振、眼皮肿胀、记忆力减退等疾病，严重的还会发生昏迷。而且，被子里有很多致病菌，进入人体内易引起支气管炎、肺结核等病症。

人睡着后仍需要吸进氧气，人体只有吸进足够的氧气才能保持身体各个器官的正常活动，才能获得充沛的精力。因此睡觉时最好把头部露在被子外面。外面空气中富含的氧气要比被窝里残存的那些污浊的空气要强得多。另外，充足的氧气还是你获得优质睡眠的最佳保证。因此睡觉时不蒙头自然能提高你的睡眠质量，有了充足的氧气，你才不会出现多梦多汗的难受劲。

还有，人体是一个有机的整体，如果单方面受制约肯定会影响到其他器官的正常运转。因此，如果蒙住头部，受害的就不会仅仅是头部，还会包括心脏及其他呼吸系统器官。把头露在外面则可以解决这个问题，还等什么呢？把被子往下拉一拉，露出头来吧，外面的空气总比里面好得多。

青少年生活方式的170个误区

其实，这种做法长期下去，对人体的影响远不止这些。它对人体的生理和心理都会产生较长久的影响，缓慢地侵蚀着机体的健康，降低学习和工作的效率，使疲劳难以恢复。

由此可见，蒙头睡觉决非好习惯。有此习惯的人为了自己的身体健康，为了能更好地学习和工作，一定要下决心改掉。其实改掉这种习惯也不难，如果是因为恐惧，首先应该消除心理负担，树立唯物主义信念，破除迷信，多参加社会活动和体育锻炼，养成开朗的性格；如果只是为了保暖，或是怕改变习惯后睡不着觉，那也不难办，可在睡前用热水泡脚，或再饮一杯热牛奶，这都有助于入睡。

睡觉紧闭窗户

日本的著名医学家古井正夫曾做过这样一个实验：把2只小鼠分别放在通风和不通风的环境下生存，结果1个星期过后，在通风环境下的小鼠精神明显要比另外1只小鼠强得多，并且2只小鼠的健康程度也大相径庭，前者要明显好于后者。

看完了上述案例，你是否会联想到当前青少年普遍存在的一个问题：害怕晚上着凉，又或者是外面的环境太吵影响休息，所以他们选择晚上睡觉前把窗户关好。你认为这样自己就能睡得安稳吗？不知道早晨起床的时候，你会不会感到四肢无力，头晕眼花，整个人无精打采呢？

我们知道，环境的好坏与人的身体健康息息相关，晚上睡觉关上窗户阻隔了室内外空气的流通，使人呼吸不到新鲜空气，这样很容易引发各种呼吸道疾病和睡眠问题。国外的医学权威人士研究表明：1个人如果在空气流通不畅的环境下生活，他患肺癌和失眠症的几率将会是正常情况下的50多倍。医学专家也称，在夏季高温环境下，人体内热量的散发会受到阻碍，周围的热量也会反向辐射于人体；当高温闷热时，汗水附着在表皮上难以被蒸发掉，因此不容易离开人体，从而导致体热难以散失。当累积到一定程度，便会使大脑中的体温调解中枢功能发生障碍，出现头昏、眼花、心慌等症状，这就是我们所说的中暑。尤其是现在青少年学习压力大，如果生活上再得不到科学的照顾，势必会影响学习和身心健康。

因此，青少年要尽早走出睡觉紧闭窗户的误区，白天睡觉的时候要常常保持室内空气的清新，这对你的健康将会大有裨益，而夜晚睡觉时适当给窗子留点小缝隙，就可以保持室内空气的清新，特别是夏天，要时刻保持空气的通畅，严防中暑。

临睡前，你还可以把窗户稍微打开一些，给屋外清新、干净的空气留下一个可以自由进入的通道。其实，人在睡眠时，大脑中的部分细胞仍在兴奋，而时常进来的新鲜空气，则恰恰可以给这些兴奋的细胞提供足够的氧气，让你在早晨起床时不致头晕目眩。另外，随窗而入的新鲜空气还具有很奇特的催眠作用。处于生长发育期的青少年如果夜晚睡觉时注意窗户的通风，将会对睡眠很有帮助。

现在的青少年往往很小就开始了"独立生活"，父母给孩子们预备单独的房间让他们生活、学习、成长，既让孩子早早熟悉独立，又给孩子一定的隐私空间。这就要求青少年自己要照顾好自己的生活，在生活中汲取知识，平时要注意勤开窗，通通风；同时也要提醒父母们适时关注孩子的生活，正确指导孩子的生活。

开空调睡觉

夏天酷热难耐，电风扇似乎已经不能满足人们的需要了，于是空调入住了越来越多的家庭。面对让人烦躁不已的高温和汗水，还有恼人的蝉鸣之声，在结束了一天的紧张学习之后，你坐上公交车迅速赶回家中。家里的空调可要比学校里强得多，你坐在紧靠空调风口的椅子上吃过饭，做完作业，然后上床休息，空调当然是一夜不关。无论中午还是夜晚"开着空调盖被子"似乎成了一种时尚。也许在这样的环境下你得到了丝丝凉意，也许在这样的环境下你那大滴大滴的汗水也退了回去，可你真的觉得这样对自己很好吗？

长期在空调房间中会导致汗腺关闭，影响正常的代谢和分泌；而长时间静坐不运动又会造成颈部运动平衡失调，使颈部肌肉、神经、脊髓、血管受累，久而久之就会导致局部性的颈椎病，轻则脖子发僵、发硬、疼痛、肩背部沉重、上肢无力、手指麻木，重则出现头痛、头晕、视力减退、恶心等异常感觉,甚至大小便失控。空调的确能让炎热的夏天变得凉爽惬意,但长开空调的危害也不小。这是因为,人体的最适宜温度是25℃,在这个温度下,人体各种器官的运转最为正常。如果久开空调,室内温度就会不断下降,在这种环境下休息,你就会很容易着凉。另外,久吹空调还会产生难以治疗的"空调病",你会出现类似感冒的症状:流鼻涕、发低烧,甚至出现头晕目眩等症状。另外,在这种温度下,有些细菌也易滋生,大量细菌会侵入你的身体,让你患病。冷气一旦攻破了呼吸道的脆弱"防线",轻则出现咳嗽、打喷嚏、流涕等感冒的症状,即患上上呼吸道疾病。

夏天抵御酷暑的办法有很多,临睡前冲个凉水澡,把窗户打开通风等都是不错的选择。如果开空调防暑,最好的办法就是只开半小时,等室温降下来以后即可。你可以启动空调的定时装置,把空调调到半小时以后关闭。半小时的冷风,足够使室温降下来,没必要长吹空调。

如果你已有"空调病"的症状,也无须惊慌。你可以把空调关闭,然后打开窗户,让户外的新鲜空气进入,或者服用几粒抗感冒药物。如果家里有现成的绿豆汤,也可以多喝一些,这些东西对治疗空调病均有一定疗效。上述方法都不见效的话,你就该找医生了,让医生帮你治疗一下,尽快恢复健康才是最重要的。

尽量避免长时间呆在空调房间里,如果有条件最好把室温恒定在24℃左右,室内外温差别超过7℃,还要经常开窗换气,确保室内外空气的对流,开机1~3小时最好关一段时间空调,打开窗户呼吸新鲜空气,自然的冷空气是最好的。如果条件不允许,自己最好每隔1小时到室外的走廊等有窗户的地方换换气,尤其是午休时间要到户外,最重要的是千万别因为热就到空调下直吹。一旦感觉头晕、眼花,一定要及时离开空调房间呼吸新鲜空气。很多人没有意识到长期吹空调造成的危害,觉得也就是得个感冒、头晕头疼而已,尤其是年轻力壮的人更不在意。殊不知,冷空气对关节的损害是很大的,如果不注意保暖,上了年纪很容易患上关节炎,再治就难了。

总之,在夏天开空调时,一定要注意适度,不可只贪图凉爽而搞坏身体,否则,就会妨碍到青春期的学习和成长。可以先把窗户关好打开空调,待室内温度合适后关掉空调,注意保持室内温度的稳定,这样的凉爽可以持续一整天。

睡到自然醒

睡了 8 个小时了，可你还是赖在床上不想起，你为自己的懒惰找了个借口"睡到自然醒吧"，于是，你又睡了过去。

睡眠是人体的一项生命活动，据测定，青少年如有 6.5～8 小时的良好睡眠，91.7% 的人可解脱倦意、恢复体力。不少人以为，处在发育期的青少年多睡些，有益于脏器的发育及身心健康，机体的生物活力能增强，人会长得更高更结实。其实这种观念是错误的。一个正常的青少年，经常赖床迟起（指一次睡眠超过 10 小时），非但不会增添精神，而且常常会造成以下 6 种并发症。

（1）导致肥胖。时常赖床贪睡，又不注意合理饮食（摄入过多肉食和甜食），加上不爱运动，能量的储备就会大于消耗，以脂肪的形式堆积于皮下，只需一年半左右时间，就会发现自己成了一个胖子。肥胖构成潜在的危害，成人时期就会出现心脏病、高血压、乳腺病、糖尿病、肢体畸形等病症。

（2）令人神思恍惚。起床后头脑沉甸甸的，浑身无力，心烦意乱，什么也不想干。据分析，这可能是因为赖床"用脑"，消耗了大量的氧气、血糖、蛋白质、卵磷脂等能量要素，以致脑组织出现暂时性"营养不良"。

（3）破坏生物钟效应。不良的生活习惯，特别是睡眠习惯，必然会扰乱内分泌的正常工作，破坏了正常的生物钟规律，直接影响人的行为，所以必须注意睡眠时间的均衡，保持良好的生活规律。

（4）影响胃肠道功能。赖床者因为舒适的睡意睡没了食欲，宁可让肚子空着也不愿起床进餐。日复一日，由于肠胃经常发生饥饿性蠕动，黏膜的完整性遭到破坏，很容易发生胃炎、溃疡和消化吸收功能不良等疾病。

（5）肌张力下降。机体经过一夜的休息，早晨时肌肉和骨关节通常变得较为松缓。如果醒后立即起床活动，一方面可使肌组织张力增高，以适应日间的活动；另一方面，通过活动，肌肉的血液供应增加，使肌组织处于活跃的修复状态，同时将夜间堆积在肌肉中的代谢物排出，这样有利肌纤维增粗、变韧。只顾赖床的人，因组织错过了活动良机，动与静不平衡，起床后时常会感到腿软、腰骶不适、肢体无力。

（6）毒害呼吸器官。卧室的空气在早晨最浑浊，即便虚掩窗户，亦有23%的空气未能流通、交换。空气中含有大量细菌、霉变和发酵颗粒、二氧化碳、水气和灰尘等物。这些不洁成分会给机体带来麻烦。那些闭窗贪睡的人经常会感冒、咳嗽、咽喉痛及头晕脑涨等。另外，高浓度的二氧化碳可刺激呼吸中枢，使人呼吸不自在。有人指出，经常遭受二氧化碳的毒害，记忆力和听力可能会下降。

任何事物都具有两面性，现在你该知道充足的睡眠有益于身心健康，但过量睡眠就会对机体造成损伤。

平时熬夜周末狂睡

有些青少年平时学习紧张，为了抓紧时间学习，经常要学习到凌晨，但第二天还是得六七点爬起来去上学。睡眠严重不足，怎么办？周末在家恶补睡眠，睡20小时，把平时的都补回来。还有些人今天听说8小时睡眠足够，明天听说7小时睡眠长寿，到底多少小时睡眠好，自己也搞不清楚。不过据说充足的睡眠既美容又养颜，那就睡10小时。

其实，每天保证正常的睡眠时间是很重要的，一般成年人应该在6~9个小时。比如晚上10~11点睡觉，早上6~7点起床，这样可以使人维持一个较稳定的生物节律，对人体身心都是有益的。

对于睡眠时间的长短，没有统一的说法。因人而异可以分为长睡眠型（8小时左右）和短睡眠型（6小时左右），其实4~10小时都属于正常范围，主要以第二天醒后精神饱满为准。实际上青少年每天需要8小时的睡眠时间就够了，关于每天应该睡多少小时，因个人体质存在差异，只要符合自己的睡眠习惯、能够保证白天精力充沛、醒后没有疲乏感即可。很多伟人，他们睡得很少，但却精力旺盛，原因在于他们补充的主要是深睡眠，量虽少，质却高。

睡前安静少运动

有些青少年，晚上一有活动，睡觉时就会兴奋得睡不着。所以，他们认为吃完饭就应保持安静，连一些正常的低运动量活动也拒绝参与。本来白天坐在教室学习一天，回家后继续坐着，坐到睡觉前反而睡不着了。

临睡前的过量运动，会令大脑兴奋，不利于提高睡眠质量。但适量的体育运动，能够促进人的大脑分泌出抑制兴奋的物质，促进深度睡眠，迅速缓解疲劳，从而进入一个良性循环。

公交地铁补睡眠

有些青少年晚上喜欢熬夜，觉得好在学校与家距离甚远，无论是坐地铁，还是坐公交车，只要一坐下来就打瞌睡，一路睡到学校，认为这样的补眠方式，既没影响学习，又不耽误睡觉。

但是，在汽车上睡觉、打盹、补觉，容易受到各种因素的干扰，汽车的晃动、光线的刺激、声音的影响、空间的狭窄等都不容易使人进入"深睡眠"状态，而在"浅睡眠"状态下休息，只会使人得到不充分的恢复。经常可以听到有些青少年朋友抱怨，车里睡了一觉后，反而觉得腰酸腿疼、疲乏无力。另外，在车上睡觉，还容易导致生病。比如车上小睡后，最容易落枕和感冒。脖子歪向一边睡觉，容易使一侧的脖子肌肉疲劳，所以很容易落枕。还有，在车上睡觉，车门开关、风扇吹动，一不小心就容易着凉。白天疲劳的时候小睡一段有助于体能的恢复，但是尽量不要选择在车上睡。

睡得不好吃补品

有些青少年觉得睡眠不好，就多吃些人参、鹿茸等补品，不但有利于提高睡眠质量，而且补得好了，就是适当减少些睡眠时间，问题也不大。

其实，这种做法是不正确的。睡眠是抵御疾病的第一道防线。凡是在凌晨 3 点钟起床的人，第二天的免疫力就会减弱，血液中有保护作用的杀病菌细胞也会减少 1/3。所以，我国民间流传的"吃人参不如睡五更"这句话是很有道理的。我国传统养生学提倡睡"子午觉"。"子"是指夜间的 23～1 点，"午"是指白天的 11～13 点。认为睡"子时"可以养精蓄锐，而睡"午时"则可以顺应阳气的开发。

睡回笼觉

为了保证深睡眠，应该尽量做到早睡早起。虽然很多青少年朋友学习任务繁忙，但宁可把学习时间提前开始，也不宜推迟结束。晚上 10 点至凌晨 4 点，是最佳睡眠时间，入睡的最晚极限不能超过 11 点。过了 11 点后，人反而会变得兴奋，更难入睡。凌晨两三点，是熬夜的人感到最困的时候，而天亮后，人就开始进入浅睡眠期，这时候开始多梦、易醒。有些人喜欢睡"回笼觉"，来增加睡眠时间。当然，这不失为补充睡眠不足的一个办法，要提醒的是，"回笼觉"补充的主要是浅睡眠，效果不如早睡早起获得的深睡眠更好，因此宁可早上 5 点起床，也不要到晚上 12 点才睡觉。

午睡时间过长

午睡时间过长，反不如短时间睡眠醒来后精神状态好，因此，以 1 小时左右为宜，这样既可消除机体疲劳状态，又可避免睡着 90 分钟后进入深度睡眠而醒来时出现"越睡越困"、难受不适的现象。

午睡时间最好控制在半小时内。不要坐着或趴在桌上睡，否则睡醒后会出现头昏、眼花、乏力等症状；若用手当枕头会使眼球受压，久而久之容易诱发眼病；趴在桌上会压迫胸部，影响血液循环和神经传导，使双臂、双手发麻、刺痛。

行为篇

吸烟有"风度"

影片中英雄吸烟时的超酷形象对你的影响很大,你也学着明星的样子抽起烟来。你认为自己抽烟,说明自己很有风度,也更能吸引别人的注意。然而,"风度"是有了,你有没有感觉到自己的身体也越来越差了呢?

近10年的研究发现,青少年吸烟的人数已越来越多,尤其是在校学生的吸烟人数呈直线上升。有关资料报道,青少年吸烟人数在90%左右,随意抽查151名学生中有147人接触过香烟,占整个调查人数的97%,并有近70%的人已成瘾。从调查结果显示,吸烟者的年龄已低龄化,甚至有的从小学阶段已开始吸烟,并有少数女性也在试着抽烟。青少年吸烟的问题应该引起家庭、学校和社会的高度重视。

2008年5月31日是世界卫生组织发起的第21个世界无烟日。本次无烟日的主题是"无烟青少年"。烟草被视为世界上最严重的社会问题之一,当前全世界烟民已达12亿,每年因吸烟导致疾病而死亡者约300万。在我国有3.5亿吸烟者。而调查发现,在大学、高中和初中男生中,吸烟的比率分别高达46%、45%、34%,形势是异常严峻的。

你知道吗?烟草中含有大量的尼古丁、一氧化碳、氯化物及放射物质等。尼古丁对脑神经有毒害,它会使记忆力减退,精神不振,学习成绩下降。调查发现,吸烟学生的学习成绩比不吸烟的学生低。此外,青少年正处于性发育的关键时期,吸烟使睾丸酮分泌下降20%~30%,使精子减少和畸形;使少女初潮期推迟,经期紊乱。青少年吸烟还会使冠心病、高血压病和肿瘤的发病年龄提前。有关资料表明，吸烟年龄越小，对健康的危害越严重，15岁开始吸烟者要比25岁以后才吸烟者的死亡率高55%，比不吸烟者高1倍多。

一支被点燃的烟所散发的烟雾中，就含有300多种有害物质。这些物质如果长期被吸入人体，易引发气管炎、肺癌、冠心病、肺气肿。尼古丁可以引起肾上腺素分泌增多，使血管痉挛、血压升高，血中胆固醇增加，从而加速动脉硬化，引起脑血管意外、冠心病、心肌梗死。其他的有毒成分还可抑制消化腺分泌消化液，吸1支烟就可以让胃肠蠕动停止15分钟，胃酸反流，增加食道炎、胃炎和胃溃疡的发生机会。

吸烟对发育成长中的青少年健康危害很大，对骨骼发育、神经系统、呼吸系统及生殖系统均有一定程度的影响。由于青少年时期各系统和器官的发育尚不完善，功能尚不健全，抵抗力弱，与成人相比，吸烟的危害就更大。此外，由于青少年呼吸道比成人狭窄，呼吸道黏膜纤毛发育也不健全，因此吸烟会使呼吸道受到损害并产生炎症，增加呼吸的阻力，使肺活量下降，影响青少年胸廓的发育，进而影响其整体的发育。

据专家介绍，吸烟时，烟雾大部分经气管、支气管进入肺里，小部分随唾液进入消化道。烟中有害物质部分留在肺里，部分进入血液循环，流向全身。在致癌物和促癌物协同作用下，正常细胞受到损伤，变成癌细胞。年龄越小，人体细胞对致癌物越敏感，吸烟危害越大。青少年之所以容易患癌，与过早、过多吸烟和其他促癌因素协同作用有直接关系。

吸烟可不是什么风度的体现，正确的做法就是让自己远离香烟。你可以多看一些有关吸烟危害健康的书籍，也可以到医生那里请教一下防止被动吸烟的办法。

如果你现在还在吸烟，就应当戒烟了。戒烟的办法很多，最直接和最有效的方法就是寻找香烟的替代品。一杯清茶、短暂的休息都可以让你重新精神饱满。清茶中的有效成分可以让你的脑细胞充分活跃，而休息则可以让这些细胞重新充满活力，这两种替代方法都不会伤害到身体，所以不妨一试。

吸烟已经成为世界公害，保护自己、保护环境就应当从现在做起。

好奇模仿

现在的青少年往往觉得自己已经长大了，同时对各种事物充满好奇，凡事都想试一试。不少吸烟的家长，由于自身的吸烟行为，也给孩子带来不好的影响，无意中轻率地流露出"成年才可以吸烟"的思想，不少青少年在这种心理驱使下，把吸不吸烟当作是否成熟的标志，开始模仿成人吸烟。还有不少青少年是在同伴的影响下，你吸我也吸，从而相互模仿学会吞云吐雾来。

交　往

有些青少年为了办事顺利，联络感情，以烟引路，烟酒不分家。在一些学校，经常看到有学生吸烟。男生间相互敬烟已成为习惯，无论路遇，还是同学串门互访，总离不开香烟。甚至有的学生在干部竞选、评优、评奖等都离不开"香烟开路"。许多同学认为："烟可以使人产生亲近感，减少陌生，提高办事效率。"可见，烟已成为当今青少年人际交往的黏合剂。

虚　荣

一些青少年崇拜影视剧中明星的吸烟镜头，认为吸烟时髦、潇洒，盲目追求、模仿。有的女生说："男生抽烟的姿势好看，给人一种成熟洒脱的感觉。"不少男生为赢得女生好感，顾不得"抽坏身体抽臭嘴"。

夸耀攀比

受大款们摆阔气、讲排场风气的影响，一些有经济背景的青少年，在人际交往中通过烟的档次来抬高自己的身价。而另一些人为了不被看轻，显示自己能耐，也硬着头皮盲目攀比，买进口烟或买国产高档烟的占29.8%。

消 愁

青少年往往涉世不深,社会经验不足,但又对社会有着较高的期望值。面对纷繁复杂的世界,难免遭受各种心理挫折,出现心理失衡。而烟可暂时麻醉他们的神经,使他们暂时失去或忘却不平衡的心理,获得短暂的快乐,即所谓"一抽解千愁"。正因为抽烟满足了他们消愁解闷的心理需要,所以许多青少年在心理受挫时,特别钟爱吸烟。

错误意识

还有些青少年错误地认为抽烟能提神、消除疲劳,对加强大脑思维有帮助,因而在学习紧张或思考难题时,借助吸烟提高学习效率。还有的竟错误认为,所谓吸烟有害身体不过是宣传而已,并不可信:我父亲抽了几十年,至今也没得什么癌症;隔壁冯大爷从不吸烟,最近却死于肺癌。吸烟未必有什么危害。

总之,青少年吸烟的原因是各种各样的,这里面既有个人本身的原因,也有社会原因;既有家庭教育原因,也有学校教育原因。但不论造成抽烟的心理因素如何,皆与青少年对吸烟的危害性认识不足有密切关系。殊不知,青少年正处在生长发育时期,心理发展尚未成熟,身体各器官对烟草中有害物质极为敏感,吸烟给他们的心理、生理带来的不良后果要比成人严重得多。

酗酒生悲

近些年来,饮酒低龄化似乎在世界各地都有加剧的倾向与趋势,而且这也包括那些已有法令规定合法饮酒年龄的国家。

在社会环境的如此变化下,来自澳大利亚国家药品研究院的医学科研人员,通过对澳大利亚1993～2002年10年间年龄在15～24岁已故青少年的死因进行了分析汇总,结果发现,危害性酗酒已经成为直接或间接造成这些青少年身亡的最主要"杀手"之一。

据统计数据显示，1993～2002年期间，共有约2600多名年龄在15～24岁之间的青少年死于因危害性酗酒伤害而引发的身体损伤或病症，比例超过同一时期同年龄段死亡人数总和的15%。简单来说，在那10年中，每6名年仅15～24岁之间的青少年因故身亡，其中便有1人是直接或间接死于酒精量的过度摄取。就这2600多名青少年的最终死亡原因，基本上都集中在危害性酗酒所导致的交通事故、暴力型冲突及非清醒意识下自杀等几方面。

目前，已有的种种资料都很清楚地表现出危害性酗酒对于青少年所可能造成的潜在伤害，及时加强对于青少年过度摄取酒精类饮品的控制，这已成为减弱及消除该"杀手"的当务之急。酗酒对社会也具有极大危害，因为酗酒是一种病态或异常行为，可构成严重的社会问题。酗酒者通常把酗酒行为作为一种因内心冲突、心理矛盾造成的强烈心理势能发泄出来的重要方式和途径。归纳起来其影响有如下几点：

（1）酒会影响食欲。酒精会刺激胃肠道的黏膜，使之充血，发生急性胃肠炎。有时酒醉后出现剧烈呕吐，可能使胃与食管的连接处撕裂，发生大出血，甚至危及生命。由于酒精的长期刺激会使舌与食管发生恶性癌变，也容易形成慢性胃炎、胃溃疡与慢性肠炎，甚至发展成胃癌，并影响食物的正常消化吸收。

（2）酒会影响中枢神经与自主神经系统。嗜酒者非常容易发生神经官能症，如头痛、颤抖、出虚汗、健忘、眩晕，甚至发生精神症状。

（3）饮大量的烈性酒会诱发急性胰腺炎。一般在饮酒后12～48小时发生反应，症状有急性腹痛、恶心、呕吐、发热等。若长期过量饮酒还可能诱发慢性胰腺炎，使胰腺不能分泌消化酶，导致慢性腹泻，以致营养不良。

（4）饮酒过量致酒精性肝硬化。如果一次摄取的酒精相当多时，就可能产生肝细胞的急性损伤，长期大量饮酒则会造成脂肪肝或肝硬化，即酒精性肝硬化。

（5）发生吸收障碍。酒精可阻止葡萄糖、氨基酸、维生素B_1、维生素B_2、叶酸等营养物质的吸收，对人体健康不利。

（6）伤害生殖细胞。男青年过量饮酒会造成阳痿或暂时性无能，久之会造成男性生育力减退。酒中的主要成分是乙醇，长期饮酒的男青年，会发生性功能障碍，并扰乱体内睾丸酮分布，使循环睾丸酮数量增加，不能被组织利用，从而影响精子的生成和精液的质量。女青年饮酒，酒中的乙醇可使生殖细胞损害，使受精卵不健全。

当然，饮酒后能使心跳加快，血管迅速扩张，血液循环加速，所以喝酒能驱寒保暖，中医因此把某些中药制成药酒或酊剂以提高药物的吸收率。祖国医学认为："饮酒会活血通脉，消愁遗兴，少饮壮神，多饮殒命。"所以，饮酒必须适度，谨防过量而伤身。

有些青少年喜欢交际，认为酗酒才能助兴，不喝醉不够交情。每逢节假日、生日聚会，都喝得酩酊大醉，一塌糊涂。其实，青少年大量酗酒会引发一系列健康问题、精神问题和社会问题。

（7）健康问题。青少年身体发育尚未完全，各器官功能尚不完备，对酒精的耐受力低，肝脏处理酒精的能力差，青少年酗酒，更容易发生酒精中毒及脏器功能损害。脑功能损害，可使肝脏的脂肪和结缔组织增生，是导致肝硬化的原因之一；消化器官受损，可阻碍各种营养物质的吸收，从而影响正常的生长发育，并且是胃癌发生的主要危险因素。

此外，酗酒还会诱发心血管病；刺激呼吸道，使呼吸系统的防御功能降低；危及人的生殖细胞，继而影响下一代的生长发育。

（8）精神问题。青少年神经系统还较稚嫩，自制能力差，酒后易行为失控，容易产生某些心理疾病，如心理脆弱或者智力缺陷，经常饮酒者大约15%可发展为各种精神病。青少年饮酒还可以诱发各种事故甚至危及生命，如偷食禁果、与人争斗、擅自驾车等。

（9）社会问题。青少年饮酒会导致死亡、事故、谋杀和自杀。由于男女身体结构和生理特征的不同，女孩过度饮酒的危害更大。一个女孩喝1杯酒的危害与一个同龄男孩喝2杯酒的危害程度相同。有些研究报告指出，大约有27%的青少年在滥用酒精。这表示酒精的使用已影响到他们的身体健康、学校功课或工作表现；影响到应付愤怒、焦躁或沮丧等情绪感觉的能力；同时也影响到他们跟家人、朋友沟通的能力。

在社会上经常发生由于青少年酗酒失去行为控制能力而发生的恶性案件，破坏社会的正常秩序。

女生穿高跟鞋

爱美是女孩子的天性。有些女青年爱穿高跟鞋，认为穿上它以后，身体重心向前倾，人体会不自觉地挺胸收腹，可衬托出窈窕女性的身材曲线。尤其是身体较矮的女生，还可以使身体增高几分，弥补身高的不足。

穿高跟鞋，对女生尤其是身材较矮的女生来说，有着不小的诱惑力。

然而，中小学生正处在发育成长阶段，骨骼发育不完全，骨内有机物超过1/3，无机物不足2/3。这样的骨骼柔软、富有弹性，容易变形弯曲。

因此，女孩子过早地穿高跟鞋，会导致骨盆和足部形态发生变化。

骨盆不是一块完整的骨，它由骶骨、尾骨、髋骨组成。这些骨骼大约从7岁开始愈合，到25岁左右完全愈合。骨盆是身体传递重力的一个重要环节。在赤足或穿平底鞋站立时，全身重量由全足负荷。当穿高跟鞋时，由于重心改变，身体重力的传递发生变化，为了维持身体重心平衡，上体必然要前倾，臀部突出，膝关节被动伸直，全身重量压在脚掌。这样，就破坏了人体正常的重力传递负荷线，使骨盆负荷加重，骨盆侧壁被迫内收，会发生骨盆入口狭窄，导致成人后分娩困难；或由于压迫，牵拉了神经和肌肉而出现腰腿痛。尤其是当穿高跟鞋在硬地面做跳跃等大幅度动作时，未愈合的骨盆会发生不易察觉的转位，而不能正常地接合，导致倾斜、畸形。

足骨完全发育成熟大约在15~16岁，在这之前，足骨发育的可塑性很大，鞋的大小、松紧都会影响足骨的生长。中小学生过早穿高跟鞋，会使足骨以高跟鞋角度完成骨化过程，趾骨和跖骨由于受重力过多而变粗，从而影响趾、跖的灵活，足掌底部骨皮质变薄，易造成足痛、趾骨骨折及其他脚病。美国医生对妇女脚部病痛进行了长达15年的观察，发现75%的脚部病痛应归罪于高跟鞋。另外，穿高跟鞋还容易扭伤踝关节、踝部韧带，甚至引起骨折。

有些高跟鞋不但跟高而且底部光滑，冬季地冻路滑，走路时重心不稳，一不小心便会滑倒。

中小学生最好穿既能保持正常体位、又美观大方的带跟平底鞋。鞋跟高度以2~3厘米为宜。

男生穿牛仔裤

牛仔裤一直受到青年人的青睐，但却在健康上遭到质疑。有专家认为，低腰紧身牛仔裤会挤压坐骨感觉神经，在大腿处引起皮肤麻刺的异常感觉。此外，紧身牛仔裤还与一些妇科病有关。由于牛仔裤面料不透气，因此可能使女青年内分泌物不易排出，引起外阴炎和阴道炎等妇科疾病。另外，盛夏时，牛仔裤的金属纽扣长时间和腹部皮肤接触，容易诱发接触性皮炎。

对男青年来说，牛仔裤更是"罪大恶极"。男青年常穿过紧的牛仔裤可能导致精子数量下降，长期穿紧身牛仔裤可能导致阴囊湿疹等。这是由于睾丸生精的最佳温度是 35.5～36℃，而牛仔裤将阴囊和睾丸紧紧地束缚了，使局部散热减少，睾丸温度升高，有碍精子生成。

当然，只要挑对了牛仔裤，并在生活中稍加注意，以上可怕的疾病便不会轻易"找上门来"。①版型。适合自己的版型，应是穿上身后，全身上下没有哪个地方会不舒服，而是很贴身。试穿时，可在扣好扣子后，把膝盖往胸前抬一下，看看是否舒适。②面料。牛仔裤的布料弹性、透气性能也要好，不妨选择加莱卡的，其弹性的面料既贴合身材又较为舒适。③型号。试穿时，蹲下并从镜子里观察自己的背后，如果臀部露出大半或腹部出现三条以上横肉就说明该牛仔裤的裤腰太低或尺码太小了。④不要常穿，应多备些宽松的棉质裤子替换着穿。

赌博

有些青少年参赌者获胜的机会越大，参赌的动机越强。赌注得失的差额越大，对赌徒的吸引力也就越大。赌徒如果在赌场赢了，会促使他继续赌，想赢得更多；输了，想把损失挽回，也会促使他继续赌下去。这对赌徒形成一种间歇性的强化机制，使他们在希望与绝望之间越陷越深不能自拔。

1. 赌博娱乐

有不少青少年是为娱乐而赌，很多人在游戏活动中加入了赌博成分，由于赌的数额很小，赢了能享受到成功的喜悦，输了损失也不大。但由于金钱对人的巨大诱惑，这种以娱乐为主的动机，很容易发展为赢利的动机。

2. 赌博中争强好胜

技术性赌赛活动的竞争性很强，有些人有强烈的好胜心理，希望通过参赌战胜对手，以满足好胜心理。

3. 参赌寻求刺激

参赌项目越富刺激性和冒险性，对以赌博寻求刺激的人吸引力就越大。

4. 精神空虚找刺激

想以参赌逃避现实。这些人开始的动机多是在于逃避家庭或社会对自己的压力或责任，达到麻醉自己的作用。

吸　毒

1. 强烈的好奇心

青少年正处于青春期，精力充沛，各种需要极其强烈，对丰富而复杂的大千世界，觉得神奇、陌生、新鲜，充满着求知与探险的欲望，什么事都想去试一试。本来，好奇心是青少年求知上进的"内驱力"，但是在强烈好奇心的驱使下，有时会不顾后果而出现冒险行为。许多青少年吸毒就是因为好奇心的驱使，觉得吸毒这件事新奇、刺激，不了解其毒在哪里，其害有多深，尤其是那些从中学开始就吸烟的青少年，极易在这种好奇的驱使下染上毒品。

2. 盲目的趋同心理

青少年学生有集群倾向，在社会生活中，必然要进行社会交往，相互接触，相互联系，相互作用。但由于他们交际狭窄，于是同一层次青少年交互感染，尤其在层次较低（如成绩差或行为不良）的青少年群体中，这种趋同心理更带盲目性。往往是看到同伙吸毒，自己也跟着吸，以此与群体保持一致。

3. 自我炫耀心理

处于青春期的青少年，精力旺盛，在家受着种种约束，得不到显示自我的机会，而在群体中，则可以寻求自己行为价值的分量。一些青少年吸毒，往往就是为了在群体中自我炫耀，以获得群体中同伴的肯定。

4. 刻意模仿心理

青少年在其成长过程中，获取知识、适应环境，都离不开模仿。可以说，模仿是青少年社会化的重要手段。但这种模仿也可以对不良行为模仿。在实际情况中，成人吸毒常常成为青少年有意或无意模仿的对象。

迷恋游戏机

1. 玩游戏机能开发智力

玩游戏机并不能开发青少年智力。国外医学专家指出，游戏卡只是人们预先编好的程序，游戏机按这种程序运行，并不能开发儿童的智力。相反，只能使儿童的想象力变得机械、呆板，常玩游戏机的孩子往往神情呆滞，性格古怪，不爱与人交往。

儿童的自制力差，自我约束、控制能力不如成人，一旦迷上游戏机往往会难以自拔，达到废寝忘食的地步。热衷于打电子游戏机的孩子往往成绩下降，并在短期内难以"康复"。

2. 玩游戏机新奇刺激

由于青少年缺乏辨别能力，不能抵制某些不良的游戏机内容。目前，一些不法经营者为了赚钱竟用一些有黄色内容的游戏来毒害青少年，使他们走上邪路。有的游戏机画面，随着青少年的玩机动作，画面上的漂亮女郎的衣服一件件剥掉了，最后剩下的是裸体。这种游戏机卡的淫秽内容，腐蚀了一批批青少年学生。

3. 玩游戏机损害健康

长时间连续玩游戏机对青少年的健康是有害的：主要是对眼睛的刺激，易引起近视；同时影响血小板下降；也会造成大脑疲劳；还会影响睡眠。

许多中学生缺乏克制的能力，一玩游戏机就长达几个小时，不是误了上课，就是忘了回家，连睡觉都减少了，时间一长，学习明显受影响。一些调查表明，广大老师和家长的相同看法是，不管学习和休息，中小学生终日迷恋游戏机是不利于他们学习和身心健康的。

4. 导致电子游戏综合症

中小学生长期沉迷于电子游戏，主要表现为视力明显减退、脊柱受损、肩膀僵直、活动不灵活、心烦、疲劳等症状。

电子游戏机的显示屏是彩色的，亮度大，长时间盯着屏幕看，会使视力下降。再者，电子游戏是一种静止性游戏，耗能较少，长时间操作，容易损伤颈椎、腰椎，对正在长身体的中小学生来说，不利于身体的发育。由于玩游戏时手腕一直在做快速而灵活的动作，会增加手腕肌肉腱鞘的负担，可能诱发狭窄性腱鞘炎的发生。久玩电子游戏，还可诱发高血压和癫痫的发生。

电子游戏机的噪音大，多在90分贝以上，当人体长期处于80分贝的噪声环境中时，会出现耳鸣、头昏等症状，并伴随有听力的下降，会使人的精神处在紧张状态，容易导致高血压。电子游戏机屏幕发生的急促闪光，会刺激人脑中的神经细胞之间产生杂乱的脑电流，可诱发癫痫的发生，这种病例在国外有所报道。电子游戏机的这种危害，已引起人们的注意。

还有，游戏机屏幕可发出微量的 X 射线，长期观看，对眼睛及人体各种器官会产生不同程度的危害。游戏机室的空间一般比较狭小，空气龌龊，长时间呼吸这样的空气，对身体也不利。

过度地玩电子游戏机，还会影响中小学生的行为。英国的一份报告声称，玩电子游戏机上瘾的学生，其行为令人担忧：在学校里违反纪律，逃学，敲诈勒索；在家里搞破坏。

过度地玩电子游戏机，大量的时间倾注在这里，钱也花费很多，没钱时就偷家里的钱或向同学借钱，这样下去，不仅学业会荒废掉，而且很容易走上邪路，青少年朋友们应充分认识其危害。

学习之余，玩一玩电子游戏机，可以调节精神，增加生活情趣。手脑并用，还可以锻炼人的机动灵活能力。应选择一些闪光频率不太高、节奏不太快的节目。但是，不能过于追求刺激，以免给正处在生长发育期的身体带来危害。

5. 长期沉迷电脑，小孩患上颈椎病

电脑进入家庭，让孩子比以往任何时候都更多、更快地了解外界信息，但同时，过长时间地上网聊天、玩网络游戏，把成人的一些毛病也带给了孩子，如颈椎病。

去年，赵女士给10岁的儿子小秦买了台电脑，本来是让他学习用的，但小秦却迷上网络游戏，放学后就坐在电脑前，周末常常两天都待在家玩游戏。不仅学习成绩落了下来，近来还总是说脖子疼。赵女士带他到医院检查，竟然是颈椎病。

6. 玩游戏机引发犯罪

青少年迷恋电子游戏机，往往还容易与其他不良行为联系在一起。有些不法经营者的游戏机厅中简直是乌烟瘴气，黑板上写着："四暗娟，大三元，奖希尔顿一盒；满16～100分者奖喜梅一盒；打够10元者奖喜梅一盒。"常常可以看到，一些少年兴高采烈地接过老板的奖品，在烟雾中兴奋地玩着游戏机。有不少中学生花钱在外玩游戏机，由于缺钱就会去偷，用偷来的钱去玩游戏机。有的偷家中父母的钱，有的偷老师或同学的钱，还有的偷别人东西卖钱，都是为了玩游戏机。有的学生，为了玩游戏机，就合伙去偷自行车，以后进一步发展为合伙抢劫钱财。

泡网吧

1. 虚拟的网络

在网络这个虚拟的世界里获得成功的机会远远高于现实生活，个人可以获得心理满足。现在的青少年都是独生子女，在家中比较孤独，而从心理上说最渴望能与同龄的伙伴交流，在家玩游戏机毕竟是单向的，网上聊天则是一种相对真实的交流，可以宣泄自己内心真实的烦恼、孤独和痛苦。在网上还可以根据自己的喜好扮演一个满意的角色，真实生活中的缺憾可以通过上网制造的虚拟来弥补，比如找异性朋友，实际上就是这个年龄段对异性存在的朦胧意识的反映。

2. 高科技诱惑

网络的高科技身份，给学生一种借口，给家长一种障碍，学生可以打着学电脑技术的旗号向家长伸手要钱，而家长对电脑和网络不是很明白，对学生上网干什么更是无法控制。

（1）网吧充斥着诱惑

网吧给前来泡吧的人提供一种放荡的文化氛围，网民在网吧中可以无所顾忌。一个中学生在家里当着家长的面不可能看那些被限制的内容，但是网吧里就可以随心所欲地寻找刺激、猎奇、偷窥。种种阳光下不能实现的欲望都可以在这里达到。

（2）迎合青少年的心理

网络能给青少年一种心理平衡。在一定条件下，网络的使用者之间确实没有高低贵贱之分，不同身份的人都可以在网络上发表自己的看法与见解，并能得到自己所需要的东西。正因为网络的许多特点切合青少年的心理需要，所以青少年到网吧上网乐此不疲，甚至如痴如狂。

迷恋网吧对青少年存在以下几种危害：

（1）影响青少年性格的完善。长时间的上网使处在成长期的青少年处在于一种虚拟的世界中，将现实世界与虚拟世界相混淆。有人曾做过一项调查，发现那些沉迷于网吧的学生在现实生活中往往表现为沉默寡言、孤僻，和同学不能正常沟通等，这些性格特征除了极易引发不良后果外，更会使学生将来无法适应千变万化的社会。

（2）影响青少年诚信品质的形成。大多数青少年上网的内容都是网络聊天，由于这种交流方式具有匿名性，因此学生在聊天时通常无所不说、无所顾忌，久而久之的后果便是做事为人的不负责任，缺乏诚信。

（3）影响青少的情感世界。青少年处于情窦初开的年龄，向往与异性的交往，网络便为他们提供了这样的空间，但在网上"你、我、他"通常都是虚假的，这种虚无的情感只会导致青少年走向情感误区，无法自拔。

（4）影响青少年的遵纪守法意识。由于青少年的自控能力较差，极易受到外界的影响，如果过多地受反动、暴力、色情的腐蚀，往往会走上犯罪的道路。曾有一名学生，因为上网在网吧与外人抢网友，便采取暴力极端的方式实施了持刀打架行为，结果呢？他受到了法律的严惩，害人害己。

不当性行为

1. 追求"新潮"恋爱

有的青年人错误地认为,当代的恋爱方式就是发生性关系。他们说"传统的爱不完整,真正的爱应该体现出博大,什么都可以给对方","爱就该给对方自由,何必等到结婚以后","含情脉脉没意思,我要走在历史的前面……"

在追赶"新潮"的心理支配下,他们很快从初恋进入到热恋,如痴如醉地拥抱、亲吻、爱抚,激发起强烈的性本能冲动,使理智难以抵御,结果发生了婚前性行为。调查发现,在有婚前性行为的女性中,有近半数女性半年中发生多次性关系,80%以上的人认为这是个人的事。其实,女子在各种随心所欲的"新潮"性行为中,深深地伤害了自己。

2. 只要自己快乐就行

只要自己爱得快乐就行,近20%的人在性交后根本无所谓,认为"就那么回事","怀孕怕什么,性爱没有罪。女人不作一回人流就不算一个完整的女人"。有的虽已预感到两人不可能终成眷属,但那种特殊的关系仍一如既往。道德的音乐盒已安抚不住一些年轻人矛盾痛苦的灵魂与肉体,当他们还不知道如何去驾驭生活之舟时,已过早地结下"不负责任的恶果"。

3. 满足对性的好奇

在当今社会,性已渐渐撕去了神秘的面纱,青年人在少年时期形成的性朦胧意识和好奇心理进一步加深。我们正面临八方大潮冲击,再理智的女性也会感到困惑……

强烈的性自我意识已使她们再不"谈性色变"或羞于启齿。对有些青年来说,对性生理等知识已不满足于书刊上所介绍的和通过影视屏幕等所目睹的,不少人由于一时好奇而发生性关系,及至怀孕时才后悔莫及。

4. 婚前以性锁情

许多青年把"性"作为衡量爱情的尺码,认为只有性才能维持爱情、发展爱情。有人说,婚前性关系是恋爱的程序化要求或必经之途,提前发生可以早日确定关系，增加双方的凝聚力，使爱情关系升级。这种性爱观念，使许多未婚男女或因对方对自己的倾慕爱恋，或为消除对方对自己的不放心，或为了避免被对方抛弃等，便采取了"以性锁情""拴住男人心"之举，过早地发生婚前性行为。事实上，这种"手段"与新潮观念自相矛盾，以致不论何方发生"变节"，性关系就会演变成一种十分难堪的纠纷，法律也不会以有过性关系而判断应维持双方的恋爱关系。

5. 生米煮成熟饭

恋爱中的男女当爱情关系确定后，总希望得到周围环境中的人，特别是父母亲朋的支持和赞许，一旦遭到意外的干涉，如父母竭力反对、亲友百般阻挠，有时他们不但不中止恋爱关系，反而更加如胶似漆，以"生米煮成熟饭"的事实来抵抗这些阻力。此外，有一项调查表明，在发生婚前性行为的青年男女中，有90%以上的已明确婚约关系，但因无住房、经济困难、不到法定结婚年龄等种种缘由，迟迟不能结婚，他们为了维持婚约关系而经常发生性行为。

现今社会的青年男女在性认知、性意识、性观念、恋爱观等方面存在不少错误认识，有些相当偏激，由此给个人、家庭、社会带来极大的问题。婚前性行为虽然可以使人在性欲等方面获得一定满足，但人在情中不知迷，往往会"乐极生悲"，尤其是给女方带来严重不良后果时，早尝"禁果"的危害更是毋庸置疑的。

习惯篇

 洗　脸

日常生活中，人们常做些"无效劳动"。以洗脸为例，就有4件不该做的事，这些动作既耗时耗物，又无益于脸部肌肤的健康。

1. 用脸盆

用脸盆接一盆水绞几把毛巾洗脸是许多人常用的洗脸方法，且不说脸盆是否干净，单说其中的洗脸水，在手脸互动之后水变得越来越浑。因此，最好的洗脸方式是：先洗净双手，再用海绵扑蘸水洗脸，重复几次，脸部就能洗干净了。

2. 用普通肥皂

面部皮肤有大量的皮脂腺和汗腺，每时每刻都在合成一种天然的"高级美容霜"——在皮肤上形成一层看不见的防护膜。它略呈酸性，有强大的杀菌护肤作用。而偏碱性的肥皂不但会破坏它的保护作用，而且会刺激皮脂腺多多"产油"。你越是用肥皂"除油"，皮脂腺产油就越多，最后难以收拾。

3. 用热水

热水会彻底清除面部的防护膜，所以，用热水加肥皂洗脸之后，人的皮肤会感到非常紧绷难受。其实，即便是在严冬也用不着热水洗脸，只用冷水就能把脸上的浮尘洗去，同时还能锻炼面部血管和神经。

4. 用久湿不干的毛巾

久湿不干的毛巾会滋生各种微生物，用湿毛巾洗脸擦脸无异于在脸上涂抹各种细菌，因此，毛巾应该经常保持清洁和干燥。

刷牙

1. 用力横刷

有人习惯使用毛束密集的大头牙刷，用力横向拉锯式刷牙，以为这样可以提高效率和清洁程度。殊不知，正是这些粗、硬、密的毛束，加上灵活性欠佳的大刷头，使它难以清洁牙齿间隙和隐蔽面，清洁效果反而下降。同时，用力横刷易使牙颈部由于机械磨耗出现楔状缺损，并导致牙龈损伤、牙龈萎缩。

2. 早刷晚不刷

龋齿的发生是由于细菌繁殖产酸、口腔不洁与抗龋力下降、含糖食物等三大原因造成的。如果夜间睡前不刷牙漱口，白天进食后遗下的食物碎屑与残渣就会积存于齿缝和牙齿沟裂内，成为细菌生长繁殖的温床。此外，由于夜间口腔咀嚼与语言活动停止，唾液分泌也大大减少，造成口腔自洁功能的减弱，更有利于细菌的大肆繁殖，发酵产酸腐蚀牙齿。养成每日"饭后必漱"，每晚睡前刷牙的习惯，这必将使你终生受益。当然，经过一夜安睡后，晨起再刷漱一次，会令牙齿更加洁白光亮，口气清新，精神焕发地投入新的一天。

3. 刷牙不得要领

有的人把刷牙当作一项无足轻重的例行公事，不愿为刷牙多挤出点时间。正确的刷牙应涉及每个牙齿的每一个面，要"面面俱到"。应付式的匆忙刷牙肯定无法达到这一目的。此外，牙膏除有按摩清洁作用外，尚有杀菌和其他的多种保健功能，牙膏与牙齿接触不充分，接触时间过短，将不能充分发挥其功能作用。

4. 不换牙刷

一把牙刷用上很长时间，刷毛都变形了也不换新牙刷，而且用后放置不当，如刷头朝下置于杯中，这也是不少人的习惯。使用1个月的牙刷进行检测，发现有大量致病细菌，这些潜在的细菌，随时可以由破损的口腔黏膜和龋齿等环节侵入人体，引起多种疾病。正确的做法是：刷牙后，应以清水反复冲洗牙刷几次，甩干刷毛，将刷头朝上放置于通风处。牙刷刷毛变形或使用3个月左右应更换。

5. 饭后马上刷牙

刷牙本来是一个好习惯，爱护牙齿的人，每天早晚两次刷牙已成习惯。但有些人饭后马上刷牙，甚至有的人不管吃了点什么都要刷牙，其实这样反而不利于牙齿健康。人们用餐时吃的大量酸性食物会附着在牙齿上，会使牙齿表面的牙釉质软化，甚至与牙齿轴层中的钙、磷分子发生反应，将钙、磷分离出来，牙齿会变得软而脆。此时刷牙会破坏牙釉质，损害牙齿健康。

牙医建议，饭后或吃了酸性食物后，可以用水漱口，或喝一小杯牛奶，用牛奶像漱口一样与牙齿亲密接触，可以帮助清洁口腔、中和食物的酸性、加快牙齿钙质的恢复过程。酸性高的食品对儿童牙齿的危害不容忽视，父母一定要控制孩子吃糖果的量。如果要坚持餐后刷牙，也要等半小时后再刷，这时牙齿的保护层已恢复，刷牙就不会损伤牙齿了。

6. 正确的刷牙方法

据口腔专家介绍，每颗牙有5个面，即颊、舌、咬合及2个邻面，这5个面都能刷到很不容易，因此刷牙的方法和用具很重要。保健牙刷的要求是：刷头应小，毛束排数不超过3排，束孔距不小于1.5毫米，尼龙丝直径不超过0.3毫米；刷头短而窄，适宜扭转上下扫刷；牙刷柄偏弯或直，刷毛成锯齿状。正确的方法是竖刷法：牙刷毛束与牙面成45度角，转动刷头，上牙从上往下刷，下牙从下往上刷，上下牙列面来回刷。

7. 刷牙的四项原则：

（1）分区洗刷

全口牙齿可分为上颌牙和下颌牙2大部分，上下2部分各自分为左右2侧，每一侧再细分为前、中、后3个小区。每个小区仅包括2~3颗牙齿，作为一个刷牙动作的洗刷单位，要求在刷净1个小区之后，再去洗刷另1个小区。

(2) 依次洗刷

既然是分区洗刷，就必须依照一定的次序刷下去。否则就有可能刷净某一小区，而对另一小区则洗刷不足，甚至遗漏。至于次序的安排可按各人的习惯而定。如先上后下、先外后里、先左后右等。

(3) 三面洗刷

一般人刷牙的最大缺点是只刷牙齿的外面（唇颊面），而对舌面及咬合面都不给予洗刷。结果牙齿的外表虽然看起来很清洁，但是张开口来仔细往里检查，牙齿的舌面都堆满了污物。所谓三面洗刷，就是要求将颊面、舌面、咬合面都能洗刷到。

(4) 重复洗刷

若要彻底达到清洁牙齿的目的，必须在每1个小区的牙面上来回重复洗刷3～4次，才有可能刷净牙面。刷净全口牙，有一个总的时间要求，即每次刷牙以持续2～3分钟为宜。

(5) 用冷水刷牙

资料表明，人的牙齿适宜在35～36.5℃的口腔温度下进行正常的新陈代谢。如果经常给牙齿以骤冷骤热的刺激，则可能导致牙龈出血、牙龈痉挛或其他牙病的发生。科学家通过研究认为，用温水刷牙有利于牙齿的健康。反之，长期用凉水刷牙，就会出现"人未老，牙已老"的结局。

牙齿的寿命平均比人的寿命短10年以上，实践证明，35℃左右的温水是一种良性的口腔保护剂，用这样的水漱口，既利牙齿，也利咽喉和舌头，还利于清除口腔里的细菌和食物残渣，会使人产生一种清爽、舒服的口感。

染　发

无意中，你被韩剧中流行的各款色彩、各种发式打动了。于是，你跑到楼下的理发厅内给自己也染个头发，徜徉在大街上感觉着别人投来的目光，你有了这种念头：染发能让我的头发更引人注目，要不怎么会有这么多人看我呢？

五颜六色的头发虽然很漂亮，可染发剂中含有氧化染料，若与头发中的蛋白质形成完全抗原，会发生过敏性皮炎，轻者头皮红肿、灼痛，重者整个头皮、脖子、脸部都会发生肿胀、起水泡，甚至化脓感染。而且有的染发剂本身就是一种潜在致癌物质，如2，4－氨基苯甲醚容易积存在体内，会使体内细胞增生，且突变性强。如果经常染发，再加上清洗不净，染发剂中的醋酸等物质便会在体内积存，引起中毒，并且易患皮肤癌、膀胱癌、肾脏癌等。

美国哥伦比亚大学的浦跃朴教授对染发剂的毒性做过专门的研究，结果非常惊人：使用染发剂的人，患血液疾病的相对危险度，是不染发人群的2.495倍，停用染发剂后，相对危险度下降30.61%；患白血病的相对危险度，是不染发人群的3.428倍，停染后，危险度下降41.63%。

如今，染发已经成为一种流行时尚，但追求美丽千万不能以牺牲健康为代价。

研究表明，染发对以下几种人危害最大：

（1）每年染发4次以上者。频繁染发，染发剂的有毒物质蓄积在体内，容易引起头昏、头痛、恶心、出虚汗、神经衰弱、全身无力等症状，甚至诱发各种疾病。

（2）免疫力低下者。久病、大病初愈、身体虚弱、经常感冒生病、容易疲劳、睡眠不好等亚健康和免疫力差的人是染发危害的高危人群。

（3）染发过敏者。染发过敏是大家最常见的一种染发危害，会导致头皮红肿、溃烂、流脓水、满脸起包、长红疹子、头皮和眼睛刺痒等，严重者会导致死亡。

（4）生长发育期的青少年。染发剂的有毒物质，容易引起骨质疏松、股骨头坏死，影响青少年的骨骼生长，对视力、声带也有不同程度的危害。

仅仅是为了一时的美丽，就有可能付出如此沉重的代价，这种做法当然有点过头。时尚千变万化，你拼命去追赶也不一定能真正成为一位时尚的宠儿，反倒会损害到自己的身体。你不妨挖掘自身的潜质与特点，重新塑造自己的健康新形象，这比用染发来标榜自己的"个性"要好得多。最原始、最自然的东西才是最有魅力的，所以你若抛弃自己的本真，只为去追求片刻的绚烂，这才是真正的得不偿失。

如果在特殊情况下，染发成为必要，一定要在染发前做斑贴试验，呈阳性反应者禁用任何染发剂染发，洗头时水温不要过高，忌抓伤头皮。若染发只是为暂时需要，你可以选择一次性的彩喷染发，只要对准头发轻轻一按，你的头发便开始多彩起来。清洗时只要用普通的洗发程序，你的头发便又黑亮如初了。

 穿紧身衣

很多人都说时下已经进入了"复古"的时代，回想紧身衣裤曾经是欧洲某一个时期的流行，时过境迁，它又一次进入了人们的生活。

如果有兴趣到大街上走走的话，现在街头流行的紧身衣裤肯定会布满你的眼帘。紧身衣裤以其特有的塑身特点风靡于各地。的确，这种衣服确实能把玲珑有致的人体曲线体现得淋漓尽致。你当然也给自己买了一套紧身衣服，穿在身上行走于大街小巷之中，你认为自己简直成了一道风景，你认为紧身衣裤既健康又塑身。穿紧身衣可以展示形体美，但不符合卫生规律。

由于制造紧身衣裤的布料多采用透气性差的纤维产品，这对于正处于青春发育期的青少年来说是有相当大的危害的。这种衣服紧贴身体，会导致血液循环不畅，局部供血不足，神经受到压迫，时间长了还会使臀部、大腿和外生殖器感觉功能降低，从而影响骨盆、生殖器的发育。久穿紧身裤还会使局部毛细血管受压，影响血液循环，增加会阴摩擦，极易造成会阴充血水肿。若再加上不注意局部清洁卫生，还会造成泌尿生殖系统感染。特别是夏天女孩子穿紧身衣，不利于体内排出的汗气散发，却有利于病菌的侵入。

除此之外，特别强调的是，处于青春期发育阶段的女孩子千万不要穿紧身内衣，比如束胸衣。束胸对少女的发育和健康有很多害处。束胸时心脏、肺脏和大血管受到压迫，从而影响身体内脏器官的正常发育。束胸会影响呼吸功能。正常情况下，胸式呼吸和腹式呼吸两种呼吸动作的协调配合进行，才能保证人体正常的气体交换，而束胸影响胸式呼吸，使胸部不能充分扩张，肺组织不能充分舒展，吸入空气量减少，以致影响了全身氧气的供应。束胸压迫乳房，使血液循环不畅，从而产生乳房下部血液淤滞

而引起疼痛、乳房胀而不适，甚至造成乳头内陷、乳房发育不良，影响健美，也造成将来哺乳困难。

你最好穿一些宽松舒适的衣服，不要久穿紧身衣裤。尤其是在夏天，你最好准备几件比较休闲的衣服和你的紧身衣换着穿。宽松衣服特殊的透气功能，能够让你毛细血管内的血液畅通无阻，改善局部的血液循环。同时由于皮肤表面通风良好，体表的汗液能够畅通无阻地蒸发出去，细菌也就没有了存在的土壤，一切由细菌引起的身体疾患也就会销声匿迹。另外，宽松的衣裤还可以让你轻松地运动，而不会像紧身衣裤那样，每动一下都要"心惊胆战"。它们特有的宽松透气材料能让处于生长发育期间的你不受任何束缚，从而使你在青春发育期更加健康和充满活力。

为了让你的身体能够透气，舒服地为你服务，不妨多穿宽松衣服。

穿　鞋

1. 只穿运动鞋

从保护角度来说，运动鞋会把双脚包裹得比较严实，但容易因透气不好而引起真菌繁殖，导致脚癣、皮炎、湿疹等症。青少年平时活动量比较大，即使是透气性能较好的运动鞋，也不要常穿，最好穿插布鞋、皮鞋来穿，南方地区尤其如此。

2. 鞋底太平太软

不少人买运动鞋时喜欢挑鞋底软的，但从骨骼发育角度来看，太软的鞋底并不适合青少年。青少年的骨骼发育还没有成型，过于松软的鞋底容易造成其足部不稳定转动，产生劳损。

每个人足部的着力点不一样，一些有平足病的孩子，鞋底硬一些反而更好，可以调节足部受力。运动鞋的鞋底最好有一点儿坡度，不要过于平坦，在3厘米之内为最佳。

3. 经常穿球鞋

足球鞋、篮球鞋、跑步鞋等在设计时，充分考虑了足部的着力方式，以提升运动能力，但如果放到日常生活中来穿，效果会适得其反。

足球鞋肯定不能用于平时走路，其后跟鞋钉的设计非常特殊，是为了方便踢球时的转身，而较少考虑缓冲功能，经常穿会感觉疲劳；篮球鞋强调前脚掌的弹跳力，且鞋底和鞋头都比较平，而人走路时，用力点是向前的，所以平时穿也不省力。相对来说，跑步鞋的设计最接近人平时的走路要求。

4. 鞋子不换

许多人觉得，只要鞋面不损坏，就可以再穿。一双鞋穿得太久，很容易因长期挤压、摩擦而导致变形，不但保护不了足部，还会对其造成损害。过于破旧的运动鞋可能造成胫骨痛和跟腱劳损等病症。

运动鞋的寿命因人而异，胖人的鞋子寿命相对较短；还与运动量有关，一般来说，一双跑步鞋的"服役极限"是 500 千米，而体操鞋 6 个月就该"退休"了。

如何识别孩子的运动鞋是否"超龄"呢？①看鞋底是否平整，磨损是否较大；②看鞋底内部是否有塌陷。如果这两个部位出现问题，就必须及时更换运动鞋。

耳机音量放大

有些人听音乐总爱把音量放得很大，殊不知，美妙的乐曲此时已成为噪声。医学专家研究指出，如果在 80 分贝的环境中工作或生活 5 年，人的听力将下降 10% 左右。环境中持续的巨大噪音，能导致诸如神经错乱、睡眠障碍等。因此，千万别小看了噪声这个健康的"杀手"。

专家指出，长期在噪音环境中生活的人说话声音会越来越大，而导致听力受损的肇事者，就是无处不在的耳机。"耳机族"极易导致听力下降，听力下降会给患者的生活带来极大不便，而在每人身上的表现也不一样，常见的症状有听不清声音、谈话反应迟钝、经常误听误解、群体交流困难，心理上缺乏自信、胆怯和焦虑、自我封闭，从而容易紧张、疲劳等，严重者会造成永久性听力损伤。

事实上，听不清别人说话就是听力受损的表现。比如打电话时觉得一侧耳朵不大好使、习惯性地把电视机音量开到很大、别人抱怨你是个大嗓门儿等，都可能是听力开始减退的迹象。一般来说，40岁以下的人听力是正常的。但是由于药物、遗传、疾病、噪声、意外事故等原因，年轻人也会发生听力减退甚至耳聋的现象。正常情况下，人耳对超过85~90分贝的声音会感到不耐受，如果音量超过100分贝，足以使人体内耳的毛细胞死亡，造成听力丧失。而有些人听随身听时的音量高达115分贝，这种高强度、高能量的声音就好像一阵阵巨浪通过外耳道传到内耳，冲击耳蜗——听力中枢，导致听力损伤。

一般来说，两人交谈的声音为60分贝，人的听觉能承受最强的声音为90分贝，但一些舞厅、游戏机房的声音强度超过115分贝。许多青少年在听"随身听"或看电视时习惯把音量开得很大，喜爱去音响很大的舞厅或游戏机房。其实，这是一种不被注意的声音污染，因为较长时间受到声音污染，人的听觉功能受到损害，轻者听觉能力下降，重者完全失去听觉能力。许多青少年从舞厅出来，都出现明显的昏眩感和头痛，这是声音污染的结果。

有关专家指出，使用MP3、随身听等耳机时，调节声音过大、每次听的时间过长会震荡内淋巴液，影响听觉神经，自主神经功能也会紊乱，除了耳鸣，严重的还会失眠、月经失调等。如果你向专业听觉矫治师咨询，怎样使用耳机才能达到保护耳朵的目的，他可能会建议你最好不用耳机。因为最安全的方式当然也是最保守的。但是这并不是说年轻朋友不要听MP3、随身听等，而是要健康使用。

①耳机要选择质量佳、杂音小、音量可自由灵活调控的。②音乐声强最好控制在80分贝以下，不要总听摇滚音乐，可以多听些轻音乐，以感觉舒适悦耳为宜。③戴耳机收听的时间不要超过1小时，这个数字可能让人沮丧，那就让耳朵决定吧，超过限度它肯定会抗议。④每天不超过4小时，每听半小时就要休息10分钟。

手冻僵在火上烤

屋外还飘着大雪，你已经迫不及待想要出去和小伙伴们打雪仗、堆雪人，直到临近中午，妈妈叫你回家吃饭。你摘下又冷又湿的手套，看着自己快冻僵了的小手，准备用热水烫烫，或者去火炉边烤烤，你觉得这样手能很快暖和起来，也不会那么僵硬了。可是不一会你会发现手有些发紫，还伴有丝丝的疼痛感，怎么回事呢？

像你一样，许多人都有这样的体会，天冷时手冻僵了，如果马上在火上烤一烤，或热水里烫一烫，皮肤会立即由白转红，最后发紫，不但有胀疼的感觉，而且容易生冻疮。

皮肤遇到冷，表面血管首先开始收缩起来，这样可防止身体里的热气散失。如果几分钟以后恢复温暖，血管又逐渐舒张开来，并回复到原来的状态。

如果继续冷下去，不但表面的血管继续收缩，而且深层的血管也开始收缩，因为收缩时间过长，血管处于痉挛状态，结果血液流通不畅，皮肤发白，手会发冷发麻。这个时候如果马上把手放在火上烤一烤，或热水里烫一烫，结果表明血管又舒张开来，而深层血管仍然处在痉挛状态，血液流通仍然不畅，就会有胀疼的感觉。

如果继续烤下去或烫下去，血管继续扩张，血液不断向这个地方集中，但是回流不畅。结果皮肤颜色先由白转红，再由红变紫。换句话说，由充血现象变成阻血现象。因为血液回流不畅，组织缺氧，同时废气如二氧化碳不能排出去，最后皮肤可能会生冻疮，还会溃破。

那么，手冻僵了应该怎么办呢？手冻僵了，千万不可以在火上烤或热水里烫，应该首先回到温暖的地方，使手的温度逐渐升高，不要突然升高。最简单的方法是用手互相搓搓，加强血液循环。

吸 烟

1. 清晨一支烟

这是一些"老烟枪"的自我感觉，他们清晨醒来第一件事就是燃上一支香烟，还美其名曰"早烟提神"。

如果清晨不吸一支烟，就无所适从，甚至总觉得少做了一件事似的。

特别是烟瘾大的人，往往人还未离床，就坐在被窝里迫不及待地吞云吐雾起来。是的，睁开睡眼，抽一支香烟，将一夜新陈代谢后血液中降下来的尼古丁浓度"弥补"上来，这对于那些"烟鬼"来说，精神确实可"为之一振"。

殊不知，经过了一个晚上，房间里的空气没有流通，甚是污浊，混杂着香烟的烟雾又被重新吸进肺中；另外，空腹吸烟，烟气会刺激支气管分泌液体，久而久之就会引发慢性支气管炎。民间有句谚语"早上吸烟，早归西天"，已为人们敲响了警钟。虽然说得有些夸大，但在一定程度上也可以说明早晨吸烟的危害性和严重性。

2. 饭后一支烟

这对吸烟者来说更是一种非常有害的误导。饭后，血液循环量增加，尼古丁迅速地被吸收到血液，使人处于兴奋状态，脑袋飘飘然，就如同"烟民"们描述"神仙"一样的感觉。实际上，饭后吸一支烟，比平常吸十支的毒害还大。因为饭后人体热量大增，这时吸烟会使蛋白质和重碳酸盐的基础分泌受到抑制，妨碍食物消化，影响营养吸收。同时还给胃及十二指肠造成直接损害，使胃肠功能紊乱，胆汁分泌增加，容易引起腹部疼痛等症状。而且身体在对食物积极消化、吸收的同时，对香烟烟雾的吸收能力也增强，吸进的有害物质也增加。所以，可以这样说，饭后吸烟，祸害无边。

3. 聊天时喝酒吸烟

许多人都喜欢在喝酒时吸烟，认为朋友相聚，必须有好酒好烟，这样才有好的气氛，二者缺一不可。酒喝多了，点燃一支烟，细细品味，似乎乐处多多。但你可能有所不知，烟酒一起享用比单独喝酒或吸烟的毒害更大。因为酒精会溶解于烟焦油中，促使致癌物质转移到细胞膜内。有资料显示，口腔癌有70%与吸烟和喝酒双管齐下有关联。最为严重的是，烟酒同时进行使肝脏代谢功能只能顾及清除酒精而很难顾及其他，致使烟草的有毒物质在人体内停留数小时甚至几天，加大了烟草对身体的危害程度。因此，饮酒时吸烟实质上是同健康和生命开玩笑。

4. 如厕吸烟

许多人认为厕所里有臭气，吸烟可以冲淡一些。事实上，厕所里氨的浓度比其他地方要高，氧的含量相对较低，而烟草在低氧状况下会产生更多的二氧化硫和一氧化碳，连同厕所里的有毒气体以及致病细菌等大量被吸入肺中，对人体危害极大。患有冠状动脉性心脏病或慢性支气管炎的病人在厕所内吸烟，可导致心绞痛、心肌梗死或气管炎的急性发作。

5. 被动吸烟

吸烟分主动吸烟和被动吸烟2种，根据目前医学界研究所知，被动吸烟比主动吸烟危害还要大。尤其是发育未完成的孩子，吸入烟雾后很容易生病。

有些人缺乏道德意识，在公共场所吸烟。有许多青少年被动吸烟，成为无辜的受害者。经常成为被动吸烟的场所有：公交车、电梯、会议室、麻将馆等。那些地方最好不去，那里吸烟的人太多，吸点空气都容易生病。

酗　　酒

1. 醉酒睡觉

喝醉酒之后，睡一觉就好了，这是大多人的想法。其实因饮酒过量而丧命的例子仍时而见报，尤其是原来有慢性疾病者逢喝必醉，更容易发生意外。醉酒后出现生命危险主要有3类：①饮用过于大量甚至致死量的酒精，患者进入昏迷期，影响中枢神经系统引起呼吸减慢或不规则，或者出现抽搐、大小便失禁、脉搏细速，最后心跳呼吸停止而死亡；②由于醉酒后呕吐，呕吐物阻塞气道引起窒息而死亡；③由于饮酒引起原有疾病加重或出现并发症而危及生命。因此，在饮酒过程中，当有人趴在桌子上休息或者昏睡时，不要认为是在"休养生息"，如处于昏睡状态，叫也叫不醒，就该叫救护车了。而对于卧床并有呕吐的患者，应将患者置于稳定的侧卧位，使呕吐物顺利排除，以防阻塞气道引起窒息死亡。

2. 咖啡或浓茶解酒

喝浓茶（含茶碱）、咖啡确实能兴奋神经中枢，对饮酒后昏昏欲睡者似乎有提神的作用，但咖啡和茶碱同时有兴奋心脏、加快心率的作用，与酒精兴奋心脏的作用相加，可加重心脏的负担，对原有心脏疾病的患者肯定是不合适的。另外，咖啡和茶碱还有可能加重酒精对胃黏膜的刺激。还有人认为，咖啡和茶碱都有利尿作用，有可能使乙醇在转化成乙醛后来不及再分解就从肾脏排出，从而对肾脏起毒性作用。有研究证实，传统认为的解酒方法如服阿司匹林、吃香蕉等方法均无效，而适量饮温开水或绿豆汤、水果汁、水果，一方面可补充因呕吐和血管扩张引起水分丢失；另一方面可促进酒精排泄，有一定的解酒作用，还可预防因酒精中毒诱发的低血糖，是较好的酒后对症方法。

3. 少量饮酒有益健康

传统中医认为，酒能通经活血，对某些疾病可能有一定作用，但原来患有心、肺、肝、肾病的人，如各类心脏病、高血压、糖尿病、中风、胃溃疡等患者，应尽量禁酒，以防酒精加重原有的疾病。

4. 酒后洗澡舒服

不少人喝完酒后，感觉有点醉意就很想洗个澡，舒服舒服，其实这样做有许多害处。因为洗澡时人体要出汗，血液中的酒精浓度相对增高，再加上热水促进血液循环、扩张血管、加快脉搏跳动，这往往引起血压下降、血液黏稠度增高，以致机体难以适应，引起心脏病或脑中风的发作。

醉酒的当天晚上，应多喝些水再睡觉（最好能吃点维生素 C 和维生素 E），第二天早上再用42℃左右的热水洗头，能彻底消除醉意。因为在睡眠中酒精逐渐分解，血液中的酒精浓度降低，这时用热水洗头，能刺激交感神经，使头脑清醒。

发炎吃阿莫西林

"来，给我拿盒阿莫西林!"感冒了不用去医院，自己买盒感冒胶囊就搞定；肚子疼随便吃写止疼药也管用；发炎了，吃阿莫西林最管用。时下老百姓自己开药方已经成了普遍的现象。青少年在家庭环境的熏染下，久而久之也学会了给自己开药方。

为什么不能滥用抗生素？任何药物也不可乱吃。阿莫西林就是青霉素，其是一种抗生素，对于青霉素过敏的人来说应该禁用，否则会产生过敏反应，再说滥用抗生素会导致耐药性。回顾中外医学发展的历史，有过许许多多的教训和失误，其中过分依赖抗生素，滥用抗生素，就是人类医学史上最大的失误之一。

早年，抗生素的发现使人类受益匪浅，它使可怕的产褥热不再成为产妇的杀手；使吞噬千百万人生命的鼠疫、伤寒、霍乱等烈性传染病得到了有效控制；使外科手术不再因为感染而失败。

然而，随着抗生素种类的增多，使用历史的延长，滥用的现象日益普遍，同时也带来了许多意想不到的后果。抗生素可分为许多种类型，每一种类型都具有独自的抗菌范围。简单地说，某一种抗生素对某种细菌有杀灭或抑制作用，但对另外的细菌则没有作用。如果抗生素选择错误或者一种抗生素使用时间过长，这就会造成不良后果。轻的对疾病没有治疗作用，严重的将会延误病情，甚至引起许多不良反应。

滥用抗生素使越来越多的细菌产生耐药性，一些原来很有效的抗生素渐渐失去了效力，为此，人们不得不绞尽脑汁，去研究发现对付耐药菌的新的抗生素。令人头痛的是，新抗生素的发现速度还赶不上细菌产生耐药性的速度，而且耐药细菌的毒力也越来越强，越来越难以对付。为了对付细菌的耐药性，医生不得不同时使用多种抗生素，但这样一来，联用抗生素在杀死有害细菌的同时，一些脆弱的有益细菌也会被"置于死地"，导致菌群失调，降低人体的抗病能力。

还有，抗生素在治疗疾病的同时，或多或少带有某些副作用，如果对它们的副作用不了解就滥用的话，后果将不堪设想。比如有的抗生素会影响听力，甚至发生耳聋；有的抗生素对肾脏有损害，如用于患有肾病的病人身上，会加重病情；有的抗生素会引起过敏，使用前一定要做皮试等，因而在选择时千万要慎重。许多人有一个错误的观点，仿佛抗生素是万能药，只要一有头痛脑热就随时滥用，这不仅造成大量浪费，而且会培养出耐药的病菌。此外，过多使用抗生素，还会使自身的防御能力明显降低。

因此，青少年不能乱给自己开处方，发炎可能是很多情况引起的，不能自己随便用药，应及时去医院检查，在医生的指导下正确服药。

补碘没标准

很多人知道补碘有益于智力，但是他们并不知道，如果补碘过量，同样也有害身体健康。高碘同低碘一样都对人体有害，会引起高碘甲状腺肿等不良反应。

青少年对碘缺乏比较敏感，突出的表现是甲状腺肿大。一般来说，甲状腺肿大率随着年龄的增长而升高，女孩肿大率普遍高于男孩。补碘以后，经过一定时期甲状腺肿大可以恢复正常。因此，一定年龄组（6～12岁或8～10岁）甲状腺肿大率常用于评估人群碘缺乏状况、干预措施效果和病情监测。青少年碘缺乏会对生长发育特别是智力发育造成损害，碘缺乏地区的青少年儿童智力发育没有达到应该有的水平。如果以智力商数表示，碘缺乏使他们智力商数丢失10～15个百分点。

碘缺乏对人类的危害，是容易造成正常人不同程度智力低下。碘是人体不可缺少的微营养元素，对人的发育和健康具有重要的作用。早在20世纪50年代，我国选择食盐加碘为主的防治措施，并取得成功经验。碘缺乏病虽然危害严重，但可以通过全民食用碘盐这一简单、安全、有效和经济的补碘措施来预防。如果每天食用6～10克（约1小汤匙）碘盐，摄入的碘量就可以满足人体的需要。此外，常吃一些含碘较多的海带、海鱼、紫菜、虾皮等食物也可以预防碘缺乏病。

据专家介绍，4～6岁的儿童每天摄碘量应该在90微克左右，7～10岁的儿童每天在120微克左右。如果每日用量超过正常量的10倍，连续数星期之后会出现碘中毒情况，临床表现为体重减轻、肌肉无力等症状。因为人体对盐的摄入量是可以进行生理调节的，不可能过量摄入。过量食用碘同样会发生甲状腺肿大，只是症状会较缺碘导致的结果稍轻。而且相对成人而言，青少年儿童更容易因碘过量导致甲状腺肿大。专家也指出，高碘同低碘一样危害健康，会引起高碘甲状腺肿等不良反应，甚至造成碘源性甲亢。

碘以盐为载体，同样也会受到生理调节。即使在其他食物中完全没有碘的情况下，每人每天只要食用5～15克合格碘盐，人体就可以摄入100～

300微克碘。因此,只要按照这样的标准,科学地使用碘盐,对碘营养不良的人可以起到预防作用,对碘营养良好的人也不会造成危害。同时,在购买食盐时一定要购买有指定商标、贴有碘盐标志的合格碘盐。

佩戴近视眼镜

1. 近视都是假性近视

假性近视是相对真性近视而言。青少年学生在看近物时,由于使用调节的程度过强和持续时间太长,造成睫状肌的持续性收缩,引起调节紧张或调节痉挛,因而在长时间读写后转为看远时,不能很快放松调节,而造成头晕、眼胀、视力下降等视力疲劳症状。这种由于眼的屈光力增强,使眼球处于近视状态,称为假性近视。真性近视是由于先天或后天的因素而造成眼球前后径变长,平行光线进入眼内后在视网膜前形成焦点,引起视物模糊。假性近视和真性近视从症状上看都有视力疲劳、远视力不好而近视力好的特征。但假性近视属于功能性改变,没有眼球前后径变长的问题,只是调节痉挛,经睫状肌麻痹药点眼后,多数可转为远视或正视眼。

孩子一旦出现视力下降或者眼睛不舒服的情况,许多家长都是想当然的认为是假性近视,忙着去买护眼产品或者找偏方治疗,极有可能耽误孩子的疾病诊断。正确的做法应该是尽快带孩子到医院检查,确定是近视、远视还是散光,或者是其他眼病,好对症治疗。

2. 早戴眼镜加深近视

早戴眼镜越戴越近视的观念,毫无科学根据。正确的做法应该是根据验光的结果,结合视力要求、眼位、眼肌运动、是否有弱视等综合考虑配镜处方。在配镜之前,第一件事是接受验光师的验光。只有明确眼的屈光状态,才能给予合适的镜片。

3. 散瞳验光有害眼睛

青少年验光需要散瞳,用眼药水使睫状肌麻痹、瞳孔散大,在消除调节作用的情况下验光。散瞳验光不仅可以避免睫状肌调节过强,而且还能避免由于调节痉挛而引起的假性近视。尤其是幼儿或小学生散瞳验光,更便于进行检影法验光，从而得到一个客观指标，使验光度数更为准确。散瞳对眼睛并不会造成伤害，散瞳后数小时瞳孔即可自行恢复正常。

4. 只配眼镜不做眼科检查

青少年视力下降的原因有许多种，有时并不一定是由于近视引起的。一些眼底病变也表现为视力下降。因此，在验光前应进行系统的眼科检查。青少年学生到医院进行眼科检查，排除其他眼科疾患之后，进行散瞳验光。

通常假性近视不需要佩戴眼镜，通过一些放松调节的方法就可以得到改善。如果是真性近视，表明此时孩子的眼轴已经增长，这种轴性近视目前还没有通过临床证实的可靠方法能够有效地治疗。

5. 近视可在短时间内治愈

防治近视是一个长期的过程，任何短时间的突击性治疗都不可能根治近视。另外，防治青少年近视一定要从孩子五六岁时做起，一直坚持到18～20岁时方可停止，因为这时人们的眼轴已经停止发育了，近视也就不会再发展了。

6. 戴眼镜后不必复查了

经常让戴眼镜的近视患儿去医院复查具有以下好处：①能明确患儿原有的假性近视是否已被治好；②能明确患儿的混合性近视中的假性近视是否已被治好；③能明确患儿原有的真性近视是否发展了。

近视就戴眼镜

近视了，看不清黑板，到底该不该配一副眼镜呢？

总有一些近视眼患者，宁可看不清东西，也不愿意戴眼镜；也有人有顾虑，怕戴上眼镜，近视度数会越来越深，以后再也摘不掉眼镜。这两种情况都不正确。由于近视眼使进入眼内的平行光线在视网膜前聚焦成像，造成看远处的东西不清楚。如果我们在眼睛前面戴上一副合适的凹透镜，就可以把在视网膜前的成像向后移动，正好落在视网膜上，看东西就清晰了，这样给生活、工作、学习，都带来极大的便利。

假性近视的表现和真性近视一样，看远物模糊近物清楚，用近视镜片能矫正视力。其实，所谓假性近视是真性近视眼之前的一种疲劳状态，如果这种状态不能及时缓解，眼睛发生器质性改变就会形成真性近视。判断真假近视眼需要先做散瞳验光，因为散瞳可以解除眼睛疲劳，让紧张调节的肌肉放松，这样验出的屈光度才是准确的。假性近视是一种暂时性的、有可能恢复的近视现象，如果假性近视被误诊为真性近视，错误配戴近视眼镜，则会促进近视眼的发生与发展。如已发展为真性近视则应配戴合适的眼镜。

常戴眼镜与不常戴眼镜者的两种解释看起来都有道理，那么该怎么办呢？下面我们将从近视眼的病因、调节、辐辏及两者关系和调节性辐辏与调节比值方面来分析该不该长期戴镜。

经过近年来长期反复争论，现今多已承认遗传与环境是近视眼形成的主要原因，并指出环境条件是决定近视眼形成的客观因素。绝大多数患者在青少年时出现近视，青少年眼的调节力特别强，对近距离工作学习有高度适应性，看近不易疲劳，睫状肌不易疲劳。睫状肌长时间过度紧张，在看远时不能放松，因而物像不清形成近视。若未及时采取措施使睫状肌放松，则会影响眼组织代谢机能，眼球前后径变长成为真性近视。

人眼为了对不同距离的目标结像于视网膜，必须增加其屈光力，称之为调节。它的作用机理使在视近时睫状肌受到副交感神经冲动收缩，悬韧带放松，晶体凸度增加，物空间非远点增加，物空间非远点平面与视网膜依次发生共轭关系，长时间的近距离工作，睫状肌疲劳甚至痉挛，出现调节性近视，发展下去则成为不可恢复的真性近视。人眼在观察无穷远物体时两眼视轴平行。但为了对近物达到两眼的单视的效果，视轴必须向内转动，即产生辐辏（集合）现象。也就是说人眼视近时调节所引起的辐辏则是其中的一部分。

为了保持双眼单视，在长期的实践中使调节与辐辏之间形成两者互相搭配的联动的关系。又因生理或某些病理的需要，两者之间又有一定程度的单独运动。由调节所带动的辐辏称调节性辐辏（AC），它与调节（A）的比值（即AC/A）在临床上用于评价两者的协调关系，来调整眼镜的度数，解释临床上的症状。

从以上的分析可以看出，为了控制近视的发展，首要的一点是学习时，距离不能太近，戴镜后应该用不小于0.3米的正常距离工作，而且注意工作时间不能太长，然而近视患者在戴上眼镜后常习惯性的用未戴镜距离阅读，这样更加重了眼肌调节的负担，促使近视度的继续发展。因此，用眼卫生教育是一项非常重要的工作。

在保证用眼卫生的前提下再从调节、辐辏方面判断长期戴镜是否会加深近视度数。调节可以带动辐辏，但不同的个体联动的效应不同，即AC/A值不同，近视患者不戴镜阅读时矫正视者付出的调节少，也就是说由调节引起的辐辏较少。若患者双眼单视中调节性辐辏发挥的作用大，即AC/A值高，那么患者在未戴镜阅读时更易疲劳，这种近视患者应该长期戴镜；相反，AC/A值低者可以在视近时不戴眼镜。

近视眼患者看书，写字或工作时，常喜欢离得近一些，近视度数越大，目标离眼球越近。为了使两眼都能看眼前的东西，必须把眼球向内转，眼球内转靠内直肌收缩来完成，称为集合作用。距离越近，集合作用必然越强。近视眼患者如果戴上合适的眼镜，就不必把东西放在离眼很近的地方，过度的集合因而得到缓解。同时，也不会由于眼外肌长期压迫眼球，使眼球前后径继续加长。

其实我们所说的近视戴眼镜，指的是那些比较严重，影响到学习工作的学生。因为一开始的很多近视患者都是假性近视，这种近视情况，通过科学的方法可以得到改善或者是恢复视力。但严重者，就应该佩戴眼镜了。

戴太阳镜对眼睛好

莫让有色眼镜危害健康。享受阳光的同时还要注意保护健康，必备的外出用品之一就是太阳镜。以往，太阳镜的颜色主要以深棕色和深蓝色为主，而这两年，市场上出现了五颜六色的有色眼镜：粉红的、棕黄的、淡紫的、浅绿的，样式都特别时尚。很多年轻人认为有色眼镜就是太阳镜，而且戴起来特别酷，于是纷纷赶时髦去选用。其实，这是一个误区。

人们戴太阳镜是为了防护紫外线对眼睛的灼伤，白内障患者靠眼镜降低可见强光对眼睛的刺激、减少红外线透过人眼的晶体到眼底的伤害。但有色眼镜并不一定都能阻挡紫外线，只有在镜片上另外涂上抗紫外线膜时，才能作为太阳镜使用。因而,某些劣质太阳镜不能阻挡紫外线的射入,而且镜片透光度严重低下,眼睛犹如在暗室中看物,致使瞳孔变大,残余的紫外线会大量射入眼内,使眼睛受损而引起日光性角膜炎、角膜内皮损伤、眼底黄斑变性等疾病。有些不符合标准的太阳镜镜片会有屈光度超标或是镜片表面不光滑、有凸起及棱形界面,甚至有气泡,当眼睛注视外界物体时产生扭曲、变形,使眼球酸胀,导致恶心、食欲下降、健忘、失眠等视力疲劳症状,长时间戴就容易导致视力下降、近视等眼部疾患。所以,选购太阳镜要到专业的光学眼镜店及正规的商店挑选。

对老年人及青光眼或疑似青光眼的人来说,要尽量减少戴有色眼镜的时间。因为一方面老年人晶体老化膨胀,长时间戴深色眼镜会引起虹膜根部堆积,造成房水流出受阻,引起眼压增高;而对青光眼病人或疑似青光眼者,更易造成青光眼发作。另一方面,青光眼病人的对比敏感度下降,深色眼镜更能加重患者视物不清,从而影响视力。此外,不宜让儿童佩戴太阳镜,因为太阳镜会使儿童视网膜所获的光刺激大大减弱,影响视觉发育,甚至形成弱视。

很多人为了美丽,隐形眼镜都使用有色的,但是你可知道这种不经检查随意变化颜色的新时尚也引发了更多眼病隐患。

专家说,现在有些隐形眼镜佩戴者看到别人戴蓝色眼镜,就到眼镜店随便买一副戴上,时间不长就会觉得眼睛发紧、有异物感、干涩流泪,甚至出现充血发炎的情况。这是因为彩色隐形眼镜是在普通隐形镜片上加镀颜色,镜片的透氧、透气性相应降低,因此稍有佩戴不当极易造成结膜炎、角膜溃疡等眼部问题。加之不同品牌不同颜色的镜片都有固定的角膜曲率,别人戴着好看,不一定适合自己,因为不同的人角膜曲率不同。应到专业医疗配镜机构,检查角膜曲率后,由医生推荐配戴相关品牌颜色的镜片,如果需要更换颜色也要医生指导。

专家敬告时尚近视患者,彩色隐形眼镜的中央透明区是固定的,它不能随光线的强弱像眼睛瞳孔那样变大变小,在夜晚或光线暗的空间,戴彩色隐形眼镜会出现视物模糊,因此晚上和开车时都不宜佩戴。即使在稳定的光线下,彩色隐形眼镜也会因为眼球的移动而阻挡视线,从而容易出现视疲劳,也不宜长期佩戴。

因为长期配戴有色眼镜会使视觉的敏锐度下降，视物模糊，视力疲劳、头晕、眼花、眉弓疼痛等，因此，有色眼镜不宜长期配戴。间断配戴，或适当休息，做眼部保健操可以消除上述症状和不适。

 腿抽筋补钙

抽筋的学名叫肌肉痉挛，是一种肌肉自发的强直性收缩。发生在小腿和脚趾的肌肉痉挛最常见，发作时疼痛难忍，尤其是半夜抽筋时往往把人痛醒，有好长时间不能止痛，且影响睡眠。

腿脚抽筋大多是以下几种常见原因引起的：

（1）寒冷刺激。如冬天在寒冷的环境中锻炼，准备活动不充分；夏天游泳水温较低，都容易引起腿抽筋。晚上睡觉没盖好被子，小腿肌肉受寒冷刺激，会痉挛得让人疼醒。

（2）肌肉连续收缩过快。剧烈运动时，全身处于紧张状态，腿部肌肉收缩过快，放松的时间太短，局部代谢产物乳酸增多，肌肉的收缩与放松难以协调，从而引起小腿肌肉痉挛。

（3）出汗过多。运动时间长，运动量大，出汗多，又没有及时补充盐分，体内液体和电解质大量丢失，代谢废物堆积，肌肉局部的血液循环不好，也容易发生痉挛。

（4）过度疲劳。当长途旅行、爬山、登高时，小腿肌肉最容易发生疲劳。因为每一次登高，都是一只脚支持全身重量，这条腿的肌肉提起脚所需的力量将是人体重的6倍，当它疲劳到一定程度时，就会发生痉挛。

（5）缺钙。在肌肉收缩过程中，钙离子起着重要作用。当血液中钙离子浓度太低时，肌肉容易兴奋而痉挛。青少年生长发育迅速，很容易缺钙，因此就常发生腿部抽筋。

现实中有很多青少年一提起腿抽筋，下意识就想到补钙，的确知道了缺钙是腿抽筋的原因之一，但很多青少年会发现，钙片服了很多，但情况不见好转，半夜依旧伴着阵痛醒来，难道是钙片补充的不足？

其实不然，最常见的一般是受凉、缺钙，但还有一种就是缺镁。镁，是人体不可缺少的矿物质元素之一。镁几乎参与人体所有的新陈代谢过程，

在细胞内它的含量仅次于钾。镁影响钾、钠、钙离子细胞内外移动的"通道",并有维持生物膜电位的作用。

镁元素的缺乏,必然会对人体健康造成危害。现代医学证实,镁对心脏活动具有重要的调节作用。它通过对心肌的抑制,使心脏的节律和兴奋传导减弱,从而有利于心脏的舒张与休息。若体内缺镁,会引起供应心脏血液和氧气的动脉痉挛,容易导致心脏骤停而突然死亡。另外,镁对心血管系统亦有很好的保护作用,它可减少血液中胆固醇的含量,防止动脉硬化,同时还能扩张冠状动脉,增加心肌供血量。而且,镁能在供血骤然受阻时保护心脏免受伤害,从而降低心脏病突发死亡率。同时,科学家还发现,镁可以防止药物或环境有害物对心血管系统的损伤,提高心血管系统的抗毒作用。美国癌症研究所的伯格博士通过大量的研究证实,镁元素与癌症的发病率呈相反关系。凡是土质含镁量高的地区,癌症发病率偏低;而含镁较少的地区,癌症发病率较高。

不良的饮食生活习惯致使缺镁现象日益严重起来。①鱼肉虾蛋等动物性食物在人们食谱中所占比例过大,那么其中大量的磷化合物即会阻碍镁离子的吸收;②精加工后的白米、白面外观虽动人,却使镁的损失高达94%;③软水中缺镁,价格昂贵的纯净水不宜长期饮用;④饮酒会使食物中的镁在肠道吸收不良,并使体内的镁排泄增加;⑤如果咖啡和茶喝得太多太浓,也能造成人体内缺镁;⑥食盐过多同样会促使细胞内镁含量减少。

人体缺镁害处多,为保证从食物中摄取到足够的镁,以下几点必须充分重视:①不以软水代替硬水;②节制鱼虾肉蛋类含磷量过多的食物;③咖啡和茶的浓度不宜过高;④低盐饮食,每日吃盐6克以下;⑤尽量少喝或不喝酒;⑥饮食中经常补充一些粗粮,如玉米、麦片、黑面包等;⑦每餐多吃些绿色蔬菜。

生活要中注意一些预防抽筋的细节:

(1) 不在通风不良,或密闭的空间做长时间的或激烈的运动。

(2) 长时间运动前、中、后,皆须有足够的水分和电解质的补充。

(3) 在日常饮食中摄取足够的矿物质(如钙、镁)和电解质(如钾、钠)。矿物质的摄取可从牛奶、绿色叶类蔬菜等食物中摄取,电解质可从香蕉、柳橙、芹菜、天然食物等,或一些低糖的饮料中获得。

（4）不穿太紧或太厚重的衣服从事运动或工作。

（5）运动前检查保护性的贴扎、护套、鞋袜是否太紧。

（6）运动前做充足的准备运动和伸展操。

（7）冷天运动后须做适当的保温，如游泳后应立即将泳衣换起，穿上保暖的衣物。

（8）以放松的心情从事运动或工作。

（9）晚上睡觉时易抽筋者，在睡觉前需做一些伸展操，尤其是易抽筋的部位的伸展。

（10）不做过度的练习。

（11）运动前对易抽筋的肌肉做适当的按摩。

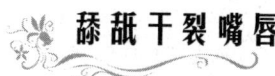
舔舐干裂嘴唇

很多人都会被嘴巴的问题弄得很心烦。刚开始的时候嘴唇只是干干的，后来发展到一笑嘴唇就裂开。虽然现在结痂了，可不能太过用力，吃东西的时候嘴巴也不敢张得太开，说话大声点结痂的地方也会裂开，想涂点唇膏也没办法。

专家分析说造成嘴唇干裂有很多原因：

（1）经常舔嘴唇。嘴唇干燥不舒服，很多人会下意识地舔唇，结果却往往越舔越干，越干越舔，形成一个恶性循环，甚至舔得嘴唇周围皮肤粗糙变厚，甚至嘴唇肿胀，形成医学上的"舌舔皮炎"。无论是从健康还是美观的角度考虑，还是改掉舔唇这个不太雅观的习惯吧。

（2）购买没有品质保证的唇膏。由于廉价唇膏里含有大量未经仔细提纯的油和太多的蜡，其中一些是不稳定的动植物天然油脂，氧化后很容易发出异味；太多的蜡质，会影响唇部皮肤的新陈代谢。所以一定要选择知名品牌，这样才能保证买到的唇膏原料纯净，功效突出。

（3）做防晒保护时忘记嘴唇。嘴唇的皮肤没有色素保护，颜色又比其他部位的皮肤深，所以最容易吸收紫外线。因此无论什么季节，都要选用有防晒成分的唇膏。

（4）过多使用不脱色唇膏。不脱色唇膏内含有易挥发成分，而且大部分不脱色唇膏都不含油，滋润性比其他唇膏要低，但是其不脱色的优点的确很吸引人。因此，在涂唇膏前，应先涂一层润唇打底，然后用面巾纸抿一下吸取一部分油脂，以免融化唇膏，降低不脱色功能。早晚更应用具有滋润修护功能的润唇膏。

（5）嘴唇上残留牙膏。对牙齿有益的成分，不一定对嘴唇有益。事实上，残留在嘴唇上的牙膏会夺去宝贵和稀少的油脂和水分，造成嘴唇干裂。所以一定要洗干净嘴唇上的牙膏，同时切忌使用香皂。因为牙膏的脱脂能力已经很强了。

许多人都喜欢犯这样一个错误，嘴唇处于干燥状态的时候，就会舔嘴唇或用唾液湿嘴唇，以为这样就会让嘴唇远离干燥的困扰。殊不知这种习惯对唇周围皮肤是有害的。

在干燥的冬季用舌头舔嘴唇会造成两个问题：①会造成唇角发炎。当用舌头舔嘴唇时，会在唇部留下唾液。唾液中含有多种能够帮助消化的酶，其中2种酶——淀粉酶和麦芽糖酶，均可引起唇角发炎，这是因为在唇边残留的这两种酶等于在"消化皮肤"。②导致较为常见的刺激性皮炎。专家解释说，其实与人们想象的并不一样，舔嘴唇并不能使嘴唇湿润。因为当用舌头舔嘴唇时，所带来的水分会蒸发，而蒸发时，又带走了唇部本来就比较紧张的水分，使得嘴唇更感干燥。然后就是越干越舔，越舔越干的恶性循环，最后就在唇部造成了类似湿疹的后果。不过这种"湿疹"不是"湿"的，而是"干"的，会使嘴角的皮肤变得粗糙起来，出现与周围皮肤不一样的颜色。

如何面对冬季嘴唇干裂？专家们从饮食、预防、护理上提出了很多好建议。

从中医的角度解释，嘴唇干裂可能是因为体内贫血或者肺虚而引起，建议补血，或用麦门冬、贝母等中药材进补润肺。平时多喝水、保持饮食均衡，则是保持嘴唇湿润有光泽的最简单有效的方式。少吃刺激性和酸性的食物，如麻辣的菜肴、泡菜等，因为这类食物会让嘴唇更刺痛。最好多摄取含有维生素A、维生素C、维生素E的食物，改善嘴唇干裂的情形。

解决嘴唇干裂的办法是经常使用防裂唇膏，女孩子可用有保湿功能的化妆唇膏。用唇膏不仅能够阻止皮肤里的水分向外蒸发，也能在你下意识地舔嘴唇时保护你的嘴唇不受唾液的"非礼"。

 抑郁症

1. 抑郁就是情绪低落

其实，抑郁并不仅仅只是情绪低落。在抑郁的状态下，人的思维会发生很多负面的变化：譬如思维会变得比较狭窄，自我感觉的关注度从外在转为内在，而且大多是负面的、不快乐的。在认知上还可能出现歪曲，会将原来那些感知快乐的东西，转变成为焦虑。此外，在沟通上也会出现障碍，感觉压力很大，甚至在接受别人帮助后会感觉自己特别无能。

抑郁症是属于广义的精神分裂症范畴，是一种情绪障碍，经过治疗是可以较好地康复的。它往往没有明显的外因。正常人偶尔心情不好，由于思维模式是正常的，譬如看了喜剧后会感到快乐，但如果是抑郁症患者则不同，他们不会认为是快乐的。所以，在生活中让自己保持正面的思维方式是非常重要的。

2. 抑郁如同"感冒"

如果真是患上符合临床诊断标准的抑郁症是很危险的，通常有自杀倾向，所以不能与感冒类比。目前大部分人属于抑郁症的易感人群，或认为是"抑郁病毒携带者"，他们会出现一些抑郁症的症状。在同样环境下，抑郁症病毒携带者患抑郁症的几率是其他人的2倍以上。

3. 抑郁只需心理咨询

这是一种误解。人处于抑郁状态时，语言交流会有障碍，思维缓慢，常常不会表达自己，也很难听得进别人的话，这时进行心理咨询通常没有效果，只有通过药物治疗使之恢复到一定程度，才能再做心理治疗。所以，如果只是一时情绪不佳，可以去心理咨询。但是如果近期受到创伤，并且超过1月还有严重抑郁情绪，则需要去医院精神科或心理科就诊。

有人担心药物治疗会有副作用，其实抗抑郁的药物反应并不普遍。人在抑郁状态下，本身就会感觉身体有很多不适，用药后，随着抑郁的减轻，

身体的不适也会逐渐好转。

4. 心理承受差易抑郁

抑郁症的发生，不能简单地以心理承受能力判断，压力对人的身心都会有影响。一个苛求完美的人，如果压力达到一定的程度，得了抑郁症，就会逃避责任，对自己放低要求，这时如能得到帮助和关心，虽然心理抑郁，但身体暂时是安全的，这是一种无意识的减压方式。如果这种减压方式没有得到周遭的积极反应，就会产生绝望，甚至自杀等严重后果。

高智商者善于发现规律，但一旦失败就会有严重的挫败感，更容易抑郁。

5. 抑郁症的诊断标准

（1）对日常活动丧失兴趣，无愉快感；

（2）精力明显减退，无原因的持续性疲乏感；

（3）精神运动性迟滞或激越；

（4）自我评价过低，或自责，或内疚，可达妄想程度；

（5）联想困难，或自觉思考能力显著下降；

（6）反复出现想死的念头，或有自杀行为；

（7）失眠、早醒，或睡眠过多；

（8）食欲不振或体重明显减轻；

（9）性欲明显减退。

失 眠

1. 睡眠越多越有益于健康

目前有一些青少年喜欢在双休日"补觉"，但往往后来会发现在双休日还没有平时的精神状态好。睡眠的时间长短跟健康的睡眠关系并不大，每个人的睡眠时间是不一样的，个体差异很大，质量比时间更重要，最重要的是保持生活的规律性。

2. 晚上做梦就表明没有休息好

梦是一种普通的生理现象，每个正常人在睡眠过程中都会做梦，每晚大约做 4 次梦。但如果第二天精神状态很好，就不能认为没有休息好。

3. 饮酒可以催眠

现实生活中有些青少年在睡前喝点酒，认为这样能很快入睡，这种做法是不可取的。在睡眠中，酒中的有害物质在体内积存，毒害身体，还伤害视网膜，会使身体适应能力下降。

4. 睡眠能储存和预支

如果说预支的是超长时间的清醒，那么就等于透支生命。过后的睡眠补偿只能缓解过后的疲劳，而对于提前透支的精神和体力，以及由此造成的对身体的损害，是不能偿还的。

5. 睡眠障碍不是疾病

据了解，有 8% 的人在一生中都有不同程度的睡眠障碍。失眠是可以消除的，睡眠不好不同于神经衰弱。对于少数睡眠障碍者来说，有可能是某些尚未显露出来或是已经出现的疾病的一种表现形式了。

6. 不需要午睡

午睡对于协调生理时钟和 24 小时周期是有帮助的。但午睡时间不可过长，以 15 分钟为宜。研究表明，午睡可以防止早衰，使心血管病的发病率减少 30%。但午睡并非人人适合，体重超标 20%、血压过低、循环系统患有严重障碍病的人，往往会由于午睡引起大脑局部供血不足而发生中风。

7. 安眠药可以长吃

安眠药所带来的睡眠并不能代替真正的自然睡眠。这是因为 95% 以上的催眠药会缩短深睡眠。迄今为止，科学家尚未找到无毒无副作用的外源性安眠药，服用安眠药要在医生的指导下服用。

8. 体育锻炼对失眠只有好处

体育锻炼能作为失眠患者的辅助治疗，但是不要在睡前剧烈运动，否则，大脑容易兴奋而导致失眠。

心理障碍

1. 理想误区

沉浸在理想王国里，眼高手低，不愿脚踏实地地干平凡的工作。这山望着那山高，一件事没有做完，又想到第二件事，不切实际。

2. 自卑误区

自以为事事不如人，受到冷遇更受不了，总觉自己是一个局外人，郁郁寡欢，自暴自弃。

3. 闭锁误区

有些青年意识到自己的思想情感与别人不同，又不易为别人所理解，因而他们倾向于把自我体验封闭在内心，而不愿向他人表白。

4. 失意误区

失意，是当人的期望不能实现，某种需要得不到满足时感到沮丧的心理体验。它使有些人会产生不正常的自我评价和期望，将导致个人社会适应的失调。

5. 嫉妒误区

这不但有碍于别人，而且有害于自己，对成长是极为有害的。

6. 惟分误区

考试流于重本本、条文的弊端，牢牢地打下"分数第一"的心理基础。在这种惟分心理支配下，人们只得为"分"而奋力拼搏。

7. 怯懦误区

这种心理的人过于谨慎，小心翼翼，常多虑，犹豫不决，稍有挫折就退缩，不想有所作为。有这种心理的人一般都气质脆弱，无所谓创新、成才。

8. 情绪误区

青年情绪的变化带有两极性，容易动情、喜悦、激动和振奋。同时，也容易悲观、消沉、忧愁和苦闷。对于青年的这种正常心理活动,重要的是在行为过程中加以正确引导,以减少不良影响。

9. 习惯误区

习惯的形成,一是自身养成的,一是传统影响的。由于长期以来形成的节奏缓慢,求稳怕乱,安于现状等保守的心理习惯,于是,就出现了这种妨碍人才成长的不良习惯。

10. 厌倦误区

一旦遇到波折、困难或不顺心的事,都要抱怨他人,感叹自己"怀才不遇",悔恨"明珠暗投",牢骚满腹,对生活失去兴趣,对美好的东西失去追求。这种厌倦心理磨损人的志气,是成才的一个致命伤。

虐待动物

问题青少年是指心理有问题的青少年,他们普遍存在暴力倾向,喜欢虐待小动物。他们的行为一般是个人心理挫折的反映,他们往往受到了虐待,受到歧视,或感觉被忽视等,他们通过这些暴力活动希望被关注。同时,一些边缘型问题青少年又有很强的模仿力,容易受到诱导。他们看到或听到类似虐待小动物的事情,总是喜欢亲自做一遍。

青少年虐待小动物的事情时有发生,有时自身也虐待过小猫,当被胆小的猫咪抓伤时,少不了甩它几巴掌。同时,又很喜欢小动物,当遇到被石块砸伤、被折磨的小狗小猫也会给予救治。人就是这样,既有同情心,又有迫害倾向。而针对的对象又毫无例外地是那些小动物,这是因为小动物很容易触动我们善良的本性,我们希望关心和爱护他们;同时,小动物又是十分弱小的,他们很容易成为我们人类发泄不良情绪的渠道,尤其是当小动物出于自我保护目的的反抗伤到我们的肌肤时。青少年最喜欢接近小动物,小狗小猫都是他们喜欢接近的对象,但孩子不知道动物对陌生人的警惕性是非常高的,于是,不愉快的事情就很容易发生,小孩子在受到小动物的攻击后,唯一的反应就是报复。这里值得注意的一个方面是,一旦小孩子的监护人发现这种情况,往往支持孩子报复,这种态度的引导结果就是孩子认为虐待小动物是合理的,特别是那些还处于成长期的小孩子。

青少年时期是人在成长过程中问题频出的时期,问题青少年不但会虐待小动物,破坏公共设施,还模仿电视、电影中的人物干出令我们瞠目结舌的事情来。对于这些青少年,加强教育是重要的,加强行为引导也是重要的。家庭的积极影响是他们正常成长的关键。

但是,我们遗憾地看到,每每出现破坏事件、虐待事件,这些青少年都顺利地逃脱了惩罚和谴责。我们的舆论往往把这些找不到"凶手"的事件归之为社会问题,总是进行所谓的"道德审判",我们总是听到这样的质问:"这些人的道德水平怎么那么低,素质怎么就这样差呢?"其实这根本就不是什么道德问题,而是教育问题和治安问题。教育是指教育青少年遵纪守法;治安问题是说这些行为多已触犯法律,应该对行为人进行治安惩处。而不是把问题推到整个社会身上,让整个社会承担这些责任,这样做实际上是为行为人推卸责任。

正由于我们媒体的热情关注,许多小动物可能面临着模仿者的伤害,为此我们要呼吁各媒体不要再跟风报道虐待小动物的新闻了,更不要公布血腥的照片,这样的东西只会满足少数人的愿望,而使更多的小动物受到侵害。跟风报导虐待小动物事件实际上等同于虐待小动物事件本身,因为这些报导伤害的是青少年脆弱的心灵,并为他们提供了效仿的榜样,而这种榜样恰恰是他们不应该效仿的。

爱护动物

对待动物也和对待人类自身一样,对野蛮的动物进行猎杀,毫不留情,即使这些动物处于濒危状态,人们对此的态度也没有太多的改变,这是可以理解的。对待人类看作宠物的动物,人们则仁慈许多,不但花费精力和物力豢养,对其死亡也是倍加关照,极端的甚至如人一样对待。

对待为人类做出贡献的动物,不管是出力的,如马、牛等,还是专供食用的动物,如猪、牛、羊的,人们更愿意它们体面地死去,一是可以保障食用者平稳的心态,更重要的是保障肉类的质量。然而,我们现在经常看到的是什么呢?虐待动物,折磨动物,残害动物,人类最后一点怜悯之心都丧失了。

有的游客，在海边看到小鱼小虾，抓到后当场吞食，把身边的外国小孩都吓哭了。因为孩子认为小生命是要爱护的。但这只是小节，看看我们各地的食谱就会发现，我们人是多么的残忍，活吃猴脑、活吃鲤鱼等。过去一说生食者都是野人，或称之为番人，是人们很鄙夷的人，却不知他们就在我们的身边。

过去常听猎人讲，他们虽然猎杀动物，但很尊重动物，知道有节制地猎杀，同时，对已经猎杀的动物保持最起码的尊重。但是，现在我们对有些屠杀动物的行为却比最冷血的动物还要残忍、还要血腥。近闻河北肃宁裘皮市场活剥动物皮毛，其残忍无以复加。再加上我们在电视上看到的给等待屠宰的牛、猪大量注水，听着猪、牛痛苦的呻吟，电视旁的我们已经泪如雨下了，但屠户们却谈笑风生。我们享受动物的贡献，吃动物的肉，并不影响对动物的尊重，就如同我们在战场打仗，你使用各种武器杀死对方并不违背任何法律和道德，但你若杀俘虏，杀害手中没有武器的老人、妇女、儿童，则会受到法律与道德的制裁和谴责。

我们应该尊重动物、爱护动物。这样说并非是做东郭先生，而是为了人类自身，为了人类文明的发展，为了人类自身的安全。从最浅显的意义上说，保护被屠宰的动物不受虐待，首先是保障了消费者的经济利益不受侵害。注水不仅仅给猪、牛带来了难以忍受的痛苦，还使消费者的经济利益受到了直接侵害。

因此，我们说为了人类自身，请爱护动物，给动物以尊严。在它们给人类带来利益的时候，请不要让它们承受痛苦。

不卫生的习惯

1. 用酒消毒碗筷

一些人常用白酒来擦拭碗筷，以为这样可以达到消毒的目的。医学上用于消毒的酒精度数为75%，而一般白酒的酒精含量在56%以下，用白酒擦拭碗筷根本达不到消毒的目的。

2. 卫生纸擦水果

许多种类的卫生纸都未经消毒或消毒不彻底，上面含有大量细菌，很容易黏附在擦拭的水果上。只有经过严格消毒处理的高级餐巾纸才符合卫生标准。

3. 变质的食物高温加热

一些青少年将变质的食物经过高温高压煮过再吃，以为这样可以彻底消灭细菌。实验证明，细菌在进入人体之前分泌的毒素非常耐高温，不易被破坏分解。

4. 用纱罩防苍蝇

用纱罩罩在食物上，苍蝇虽然不能直接落在食物上，但仍会停落在纱罩上，留下带有病菌的虫卵，这些虫卵极易从纱孔中落下污染食物。

5. 用抹布擦桌子

使用后1周的全新抹布，滋生细菌的数量之多会让你大吃一惊。因此，用抹布擦桌子之前，要将抹布洗干净再用，抹布每隔三四天要用水煮沸消毒一下。

6. 白纸包食品

白纸生产过程中往往使用漂白剂，而漂白剂在与食品接触后，会引起一系列的化学反应，产生一些有害物质，污染食品。

7. 用毛巾擦餐具

我国城市所用的自来水都是经过严格消毒处理的，用自来水冲洗过的餐具及水果基本上是洁净的，不用再擦。而毛巾上有许多病菌，用毛巾再擦干反而会造成二次污染。

8. 饭桌上铺塑料布

餐桌上铺塑料布虽然很好看，但容易积累灰尘、细菌等。而且有的塑料布是由有毒的氯乙烯树脂制成，食物和餐具长期与塑料布接触，会粘上有害物质，引发不必要的疾病。

 久看电视

电视极大地丰富了人们的生活，开拓了人们的视野，创造了一个有声音、有图像的多彩世界。但有些中小学生喜欢久看电视，在电视机前一坐就是几个小时。

如果看电视时间太长，就会对身心健康造成危害，尤其是对正在生长发育阶段的中小学生来说，这种危害更严重。

（1）久看电视，距电视在 1.5 米内，面部可能出现斑疹。这是空气中带电荷的灰尘对脸部作用的结果。

（2）久看电视，能出现电视兴奋症。看电视太投入时，会将自己的情感与电视剧情融为一体，随着剧情的变化而波动，或兴奋，或悲伤，或愤慨，久而久之，可导致头痛、失眠等症状，有时还可引发心血管等疾病。

（3）久看电视，可引发颈腰部疾病。颈部肌肉处于高度紧张状态，如果电视机摆放的高度不合适，坐姿不正确，就会引起颈椎疼痛、酸胀，时间长了，可导致颈椎病或使原有颈椎病加重。严重者还可引发脊椎的其他疾病。

（4）久看电视，可引发肥胖症。长时间坐着不动，能量消耗少，特别是有些中小学生边看电视，边吃点心、糖块、瓜果，这极易使人发胖。据国外的资料，看电视的时间长短与儿童肥胖成正比。

（5）久看电视，可诱发光敏性癫痫。据统计，英国 3% 的癫痫发作者是被电视屏幕诱发，尤其是近距离看电视更易诱发。这种疾病的首次发作多是在 20 岁以前。

（6）久看电视，会损害视力，产生"电视眼病"。发病初期，怕光、流泪、眼结膜充血；后期，视神经疲劳，表现为视物模糊、眼球酸胀、视力减退等，还可引发偏头痛。调查研究表明，如果一个人的视力为 1.5，连续看 2 个小时的电视，视力就会暂时降到 1.0，久看电视，可造成永久性视力降低，变成近视眼。

（7）看彩色电视比看黑白电视对视力影响更大。

看电视时应保持适当距离。人与屏幕的距离通常为荧幕对角线的 6 倍，

具体到不同尺寸电视机的观看距离如下：9 英寸（1 英寸 = 2.54 厘米）为 1.4 米，14 英寸为 2.2 米，16 英寸为 2.5 米，18 英寸为 3.1 米，22 英寸为 3.4 米，29 英寸为 4 米。太远或太近都会影响视力。

看电视应有正确的坐姿，不能歪斜着坐在沙发或椅子上看，尤其不能躺着看电视，正在生长发育的中小学生更不能躺着看电视，否则，极易伤害眼睛。小学生看电视，角度不能过偏，避免长时间在同一个位置、同一个角度、以同一种姿势看电视。看电视 45 分钟到 1 小时后，应做短暂的休息，可做眼保健操或做一些放松动作。小学生看电视的次数宜限制在每周 2 次以内，每次看电视不要超过 2 小时。

任何事过分放纵都是无益的。电视，能给人带来知识和娱乐，但青少年若沉湎其中，毫无节制地收看节目，必定是弊多利少。

长期使用电脑

电脑的使用越来越普及，经济条件好的学生家长已经给孩子买了家庭电脑。有些人长期使用电脑，却不注重保健。

电脑，已不再神秘。在办公室、学校和许多家庭里，人们都在熟练地操作电脑，电脑已成为现代社会人们办公、学习、交流的重要手段。

但是，长期使用电脑会对人体健康带来不利影响。

（1）长期使用电脑会造成视力下降。操作电脑时，眼睛要经常盯着屏幕看，显示器的亮度、电磁波的辐射、荧光屏闪烁和反光都可能引起视觉疲劳。如果操作的方式不正确，或者眼睛在屏幕、键盘、文件上移来移去，更会使眼睛疲劳，久而久之会使视力下降。

（2）长期使用电脑还会引起头痛。这是因为荧光屏释放的正离子能吸附空气中的负氧离子，负氧离子的减少，会引起人体新陈代谢的变化。长时间在这样的环境中工作，会感到气闷、沮丧，严重时会引起头痛。

（3）长期使用电脑会导致腰酸肩痛。使用电脑一般采用固定坐姿，操作动作重复，精力主要用在键盘及鼠标操作上，容易出现局部关节、肌肉的疲劳，例如肩膀、手部和手腕、上臂、背部及头部等处的疲劳、酸痛与麻木。

可见，长期使用电脑对人体有害。

据调查，常使用电脑的人中感到眼睛疲劳的占83%，头痛和食欲不振的分别占56.1%和54.4%，肩酸、腰痛的占63.9%，同时，还会出现自律神经失调、忧郁症、动脉硬化性心脏病等。

长期使用电脑应注意身体健康，采取一些必要的保健措施。

（1）操作1小时电脑后，要休息15分钟，做眼保健操，让眼睛适当休息和放松。

（2）采取正确的操作姿势，坐姿要端正，前臂与上臂垂直或略向上10~20度，腕部与前臂保持水平，大腿应与椅面成水平线，小腿与大腿成90度角。

（3）显示器位置应在视线以下10~20度，人与显示屏幕的距离在0.6~0.7米。

（4）使用电脑不应超过4小时。休息时应多做一些活动关节的运动。

（5）在饮食上经常吃一些胡萝卜、豆芽、瘦肉、动物肝脏等富含维生素A及蛋白质的食物，多吃一些新鲜的绿色蔬菜。

电脑是现代科学的结晶，它给人类的生活带来诸多方便，但是长期使用电脑，容易伤害身体，尤其是青少年学生，更要注意自我保护。

卫生篇

不讲卫生

（1）不洗手、不洗澡、不剪指甲、不打扫卫生。

（2）与他人共用卫生洁具（如毛巾、杯子等），乱扔垃圾。

（3）心态经常不好、生活安排得很糟、饮食不好、衣服穿得不好、健康不好。

（4）饭前便后不洗手。

（5）不理发、不换衣。

（6）读写不卫生：眼离书本近，身离桌子近，手离笔尖近。

（7）不注意用眼卫生：在强光下看书，在行走的车上看书，躺着看书，用脏手揉眼睛。

（8）吃没有卫生保障的食品，吃没有清洗干净的食物，喝生水。

（9）早晚不洗脸，与别人共用毛巾、脸盆等物品。

（10）早晚不刷牙，食后不漱口。

（11）每天不坚持体育锻炼，体质差，没精力学习。

内衣内裤一起洗

现在很多孩子从中学起就开始住宿，所以生活中很多事情都要自己做，比如说洗衣服。但洗衣服也要讲究科学的方法，尤其是男孩子比较懒，衣服不时常换洗，或者是洗不干净，这些都会对健康不利。

在学校的时候，有些孩子在洗衣服时，为节水，通常是先洗内衣内裤，然后洗外衣，再洗袜子等杂物，一盆水洗到底，又脏又黑。这样虽然保证了部分衣服的洁净，可是最后洗的衣服污染很严重。而女孩子则是不注意，将袜子与内衣、内裤一起洗，殊不知混洗危害更大，会引起许多女性疾病。

在家中也是一样，现在都提倡让孩子适量做家务，而在家中就不用孩子手洗，可以借助洗衣机。因此有些孩子图方便省事，把所有换下的衣物和内衣内裤集中放进洗衣机里一起洗，在洗衣机搅拌、摩擦的过程里，衣物上的细菌、颜色、脱落的纤维，不可避免地相互污染。

而有些脏东西，一旦漂洗不干净，会会一直附着在衣服上。尤其是内衣内裤上的这些东西危害更大，人一出汗很容易就会把脏东西吸附到身上，长时间的积累可能会导致皮肤癌。

所以在此敬告青少年，再懒、再图省事也不能将内衣内裤和其他衣服放在一起洗，同时内衣、内裤也要单独洗，还要注意漂洗干净，更不能与其他同学混洗。为防止洗衣过程中的交叉污染损害人体健康，①各人的衣服最好单独洗，内衣、外衣分开洗；②不太脏的衣服、太脏的衣服分开洗；③乳罩、内衣裤、袜子最好单独用手洗；④洗衣时不要放太多洗涤剂，要多漂洗几次，特别是内衣裤更应这样；⑤干洗的衣服拿回来要充分晾晒，等化学洗涤剂完全挥发后再穿，家中的洗衣机要经常清洗和消毒。

对于女孩子洗内衣裤要特别提出以下几点要求：

（1）内裤要天天换，天天洗，及时洗。不要让内裤过夜，否则很容易滋生细菌，且增加清洗的难度。内裤穿的时间过长，也会导致大量细菌滋生，使女孩子很容易患一些妇科疾病，危害女孩子们的身体健康。

（2）内裤必须手洗。内裤一般相对较小，为增加摩擦密度，建议用拇指与食指捏紧，细密地搓弄，这样才洗得干净、彻底。

（3）选用内衣裤专用肥皂。内衣裤专用肥皂一般是无磷的，采用特殊技术处理，可有效杀菌，维护人体酸碱平衡。同时最好是专用的盆，以防交叉感染，最好选用凉水。

（4）洗净的内裤，切忌直接暴晒。应先在阴凉处吹干，再置于阳光下消毒。否则，内裤容易发硬、变形。

同用生活用品

这个时代人们喜欢分享，分享网络、分享秘密、甚至分享生活用品。你和好友之间，似乎没有什么不可以共用的，哪怕是脸盆和毛巾也照用不误。每次运动完后，回到休息室，立即拿起好友的脸盆与毛巾，到盥洗室彻底地洗漱一下，让自己能有个良好的身体状态展示给同学。你可能认为这样做没有什么不好，反正大家都是十分健康的，当然也不会有什么病症传染给自己了。

殊不知脸盆和毛巾是许多传染病的媒介。一些病菌特别是感冒病毒，在室温的环境下能存活2～3天，普通的消毒剂，例如肥皂、洗衣粉对它们根本不具一点效力。如果不顾一切，只图自己方便，拿起别人的毛巾就用，这是对自己的身体健康视若无睹的恶习。据医学界权威人士说，感冒病毒、沙眼病毒、流行性腮腺炎、各种皮肤病以及肝脏病毒的传播媒介，就是人们平常所忽视的脸盆和毛巾。病毒很容易就会寄生于这些媒介当中，一旦有健康人接触这些媒介时，病毒就会乘虚而入，使健康人也传染上这些病症。

另外还有一些我们常见的同宿舍分享浴巾、澡巾等，这也是不对的。浴巾、澡巾久湿不干会滋生大量细菌，污染我们的身体。同时由于人与人的皮肤状态不同，混用洗浴用品会使细菌附着到皮肤表面，引发或者感染各种皮肤病。

你可以和好友分享秘密，但切忌分享生活用品。解决这个坏习惯的最好办法，就是把自己的一切洗漱用具备齐，并时常保持干爽和卫生。要做到这一点并不困难，只要你考虑到这关系到自己的健康，并认识到这个问题的严重性，你就会知道该怎么做了。即使是最好的朋友，也不要使用他（她）的洗漱用具。否则不但会引起别人的反感，更重要的是，这会妨碍到你或者是他人的身体健康。在平常生活中，先把自己的洗漱用具备齐，你最好买一些与别人颜色不一样的，以便区分。

只有养成好的卫生习惯，才不至于传染上各种不应该的疾病。请记住！在平时日常生活中要稍微注意一下，把那些不良习惯彻底改正，就能让各种传染性疾患远离自己。所以为了自己的身体，你不妨给自己备齐一套洗漱用具，并时刻告诉自己，远离他人的生活用具，为大家共同的健康着想。

健康习惯

1. 不生病就是健康

家长在青少年体质健康问题上是责无旁贷的。很多家长认为孩子不生病就是健康。而如今，随着营养条件的改善，青少年体质健康问题在初期大部分表现为无明显的"病、痛、不适"情况的亚健康状况。这种片面的健康观，使家长们不懂得督促孩子积极参加体育锻炼，合理安排学习和饮食起居，以至于不能及时采取措施帮助孩子摆脱各种亚健康问题的困扰，更没有提高他们的体质健康水平。

许多家长还认为，孩子读书是最重要的。在分数面前体质健康已经成为次要的追求了，是否参加体育锻炼无关紧要。如此循环，青少年学生的体质健康水平怎能不下降？

2. 片面讲安全

有些体育教师错误地认为，重视学生兴趣、个性发展，满足学生的体育需要，就必须淡化运动技术教学。事实上，合理的运动技术教学过程本身就是增强青少年生理、心理健康的过程。并且，体育锻炼的健康效应的发挥是以一定的运动量、运动负荷为基础的。因此，新的课程标准在实施中错误的解读使"健康第一"成为了一句美好动听口号，而学生体质健康水平却在不断下降。

还有很多学校出于学生运动安全的考虑，删减了诸如单双杠以及对抗竞技性较强的教学项目，除此之外，还有很多体育活动，如郊游、越野跑，甚至旱冰运动也在禁止之列，这对学校体育工作形成了严重干扰。

久坐不动

电视、电脑、游戏机的普及使青少年一代的生活和娱乐方式发生了重大变化，许多学生周末和假期不愿走出家门，更不愿意参加体育锻炼。

青少年不良的生活方式也是导致整个体质健康下降的重要原因。躺在床上看书看电视，出门打的，上下楼电梯，非油炸快餐食品不吃，非可乐等高热量饮料不喝，通宵上网，如此不良生活方式在当前一些青少年中相当盛行。

所以说青少年的体质健康问题，不仅依赖于家长和学校教育的基础维护，同时也需要自身认识和行为上的配合，这样才能真正从整体上提高他们的健康体能。

 身体亚健康

健康是生理、心理及社会适应3个方面全部良好的一种状况，而不仅仅是没有生病或者体质健壮。而亚健康是介于健康与疾病之间的一种生理机能低下的状态，世界卫生组织称其为"第三状态"，也就是我们常说的"亚健康"状态。处于这种状态的人群数量是相当多的。据世界卫生组织一项全球性调查结果表明，全世界真正健康的人仅占5%，经医生检查、诊断有病的人也只20%，75%的人处于健康和患病之间的过渡状态，亚健康状态实际上已经在警告人们，如不加以重视，疾病就会接踵而来。亚健康是健康和疾病的临界点，它的症状在医学诊断上没有任何与它相吻合的器质性改变，通过适当的休息和身心调理就可以恢复的状态。故"亚健康状态"又称慢性疲劳综合征。亚健康症状包括：倦怠、注意力不集中、心情烦躁、失眠、消化功能不好、食欲不振、腹胀、心慌、胸闷、便秘、腹泻、很疲惫，甚至有欲死的感觉。然而体格检查并无器质上的问题，主要表现在功能性的改变。处于亚健康状态的人，除了疲劳和不适，不会有生命危险。但如果碰到高度刺激，如熬夜、发脾气等应激状态下，很容易出现猝死，就是"过劳死"。有资料表明，最近5年，中科院所属7个研究所和北京大学的专家教授有134人谢世，平均年龄仅为53.2岁。国务院体改办公布的一项调查结果指出：我国肩负重任的知识分子平均寿命仅为58岁，比全国人均寿命低10岁左右。

1. 亚健康的表现

亚健康状态的表现多种多样，且不固定，分系统表现在：

（1）心血管症状：一上楼或走动多些就感到心慌、气短、胸闷、憋气。

（2）消化系统症状：见到饭菜没胃口，虽觉得饿，但不想吃。

（3）骨关节症状：经常感到腰酸背痛，活动脖子时"格格"作响。

（4）神经系统症状：经常头痛，记忆力差，全身无力，容易疲劳。

（5）泌尿系统症状：尿频尿急，夜尿多，性功能低下，没有性要求。

（6）精神心理症状：莫名其妙的心烦意乱，遇小事易生气，易紧张、恐惧，遇事往坏处想。

（7）睡眠症状：入睡困难，清晨早醒，噩梦频频，往往吓醒。

2. 亚健康的主要形成因素

亚健康的形成原因很多，主要包括：

（1）生活方式：缺乏科学的营养调解（例如暴饮暴食、偏食、进食不规律）。

（2）行为方式：紧张快节奏的工作和生活，面临挑战和生存压力，承受各类风险和心理压力，超负荷工作，缺乏体育锻炼，嗜烟好酒。

（3）心理因素：受个人欲望（名利、财欲、权欲等）驱动，往往以牺牲自我健康为代价，去追求过高的欲望和目标。

（4）社会因素：对交际应变能力不适应，人际关系不协调。

（5）遗传因素：家族有遗传病史。

（6）环境因素：生活环境恶化（生物性、物理性、学性等）。

（7）其他因素：医疗卫生体系不健全，卫生设施和社区保健落后，忽视预防投资等。

3. 亚健康易感人群

亚健康多发生于脑力劳动者，纯体力劳动者少出现这种状态。特别是高级知识分子、企业主管人员、白领阶层、汽车司机等，具有亚健康状态的人所占比例较高。亚健康人群占总人口的70%左右，其中沿海城市高于内地，中年人高于青年人，脑力劳动者高于体力劳动者。

亚健康的预防

亚健康的预防可以从以下多方面着手：

（1）正确认识自我，转变健康观念，充分认识自己的能力和体力，不追求过高的目标，同时要注重健康，注意身体，"无病要防，有病要治"。

（2）提高对亚健康的认识，尤其是对亚健康的发生、发展及危害性的认识和了解，明晰健康→亚健康→疾病三者之间的转化关系。

（3）保持最佳心态平衡，现代医学认为：不良心态→不良生理功能→疾病。如大怒、大喜均可导致肾上腺儿茶酚胺增多，血压增高，心率加快，可诱发心绞痛、心率失常、心肌梗死、脑溢血，甚至猝死。老年病70%～80%以上属于心身疾病。因此要注意保持愉快的心情，不与人争执计较，提高自己的品味，使自己成为一个受欢迎的人。有研究指出，不良心态使神经内分泌系统受到干扰，免疫系统功能低下，易导致恶性肿瘤发生。

（4）改变不良生活习惯，包括不合理的饮食、吸烟、精神紧张和缺少运动。

（5）合理的膳食结构。美国癌症专家艾罗拉等认为100%的文明病，80%的癌症是因为饮食所造成的。故应贯彻全面均衡营养的观念，以三低一高（低脂肪、低糖、低盐、高蛋白）为原则，食用无农药、无化学制剂的食品，养成正确的饮食生活习惯：少食多餐，少主多菜，少盐多醋，少欲多施，少忧多眠，少愤多笑，忌烟酒、油炸、熏烤以及发霉的食品，粗细搭配多样化，多吃水果、蔬菜、豆制品，少吃猪肉，适当吃些牛羊肉、鸡、鱼等。

（6）坚持运动。运动是健康之本，但必须遵守循序渐进的原则，如散步、慢跑、太极拳、游泳、跳舞、健身操等，因人而异，不可过度，不可盲动。运动后心率最好控制在比运动前增加60%～65%为宜。坚持作息时间，每天保证6～8小时的睡眠。

亚健康的表现

每个人可以对照以下"信号"自我检查,具有其中 2 项或 2 项以下者,则为"黄灯"警告期,目前尚无需担心;具有 3~5 项者,则为一次"红灯"预报期,说明已经具备"过劳死"的征兆;6 项以上者,为二次"红灯"危险期,视为"过劳死"的"预备军"。

(1)"将军肚"早现。30~50 岁的人,大腹便便,往往也是高血脂、脂肪肝、高血压、冠心病的伴侣。

(2)脱发、斑秃、早秃,每次洗发都有一大堆头发脱落。

(3)频频去洗手间。如果你的年龄在 30~40 岁之间,排泄次数超过正常人较多,说明消化系统和泌尿系统开始衰退。

(4)性能力下降。中年人过早地出现腰酸腿痛、性欲减退,或男子阳痿、女子过早闭经,都是身体整体衰退的第一信号。

(5)记忆力减退,开始忘记熟人的名字。

(6)心算能力越来越差。

(7)做事经常后悔、易怒、烦躁、悲观,难以控制自己的情绪。

(8)睡觉时间越来越短,醒来也不解乏。

(9)想做事时,不明原因地走神,脑子里想东想西,精神难以集中。

(10)看什么都不顺眼,烦躁,动辄发火。

(11)处于敏感紧张状态,惧怕并回避某人、某地、某物或某事。

(12)时常为自己的生命常规被扰乱而不高兴,总想恢复原状。对已做完的事,已想明白的问题,反复思考和检查,而自己又为这种反复而苦恼。

(13)身上有某种不适或疼痛,但医生查不出问题,而仍不放心,总想着这件事。

(14)很烦恼,但不一定知道为何烦恼,做其他事常常不能分散对烦恼的注意,也就是说烦恼好像摆脱不了。

(15)情绪低落、心情沉重,整天不快乐,工作、学习、娱乐、生活都提不起精神和兴趣。

(16)易于疲乏,或无明显原因而感到精力不足,体力不支。

（17）怕与人交往，厌恶人多，在他人面前无自信心，感到紧张或不自在。

（18）心情不好时会晕倒，控制不住情绪和行为，甚至突然说不出话、看不见东西、憋气、肌肉抽搐等。

（19）觉得别人都不好，别人都不理解你，都在嘲笑你或和你作对。事过之后能有所察觉，似乎自己太多事了，钻了牛角尖。

长期服药

某些失眠或焦虑患者一般都曾长期服用过镇静药，这可能对缓和不安有一定的作用，但却不能根治。服用少量的镇静药对症状几乎没有改变，但稍微加大剂量就容易出现全身乏力、头脑不清、精神萎靡不振等现象，还有可能出现药物中毒。患者在服药期间自然有患病的意识，反而使主诉增多，整天考虑是否要增加药量。

父母吵架

有些同学的爸爸妈妈脾气都不好，常为一点点小事吵得不可开交。每到这个时候，孩子坐也不是站也不是，心里害怕极了，索性就什么都不做。而当父母的争吵成为"家常便饭"的时候，孩子往往会明智地躲出去，他们觉得父母争吵与自己无关！

父母常对孩子说"大人的事与你无关"，因此当他们争吵的时候，孩子确实就采取了"袖手旁观"的态度。

洋洋的父母争争吵吵经历了10多年，一开始的时候只是小打小闹，互相拌几句嘴，洋洋看了觉得这只是父母间的"调侃"，并没有放在心上。当父母吵架时，他要么出去，要么就干自己的事，只当没发生。之后几年父母越吵越凶，已经不再是当初的小打小闹，两人把厨房的杯碗用具都摔了，最后还动了手。

一项最新调查显示，父母经常吵架的孩子比离异家庭孩子的心理问题更多，受到的直接伤害更大。专家告诫，让孩子生活得有安全感是为人父母最起码的责任，大人不要认为感情是两个人的事，便相互攻击、谩骂，这对孩子心理造成的负面影响将终生难以弥补。

  明明的父母感情生活一直不好，经常当着孩子的面吵架，明明害怕极了，每次都吓得躲到角落里。一次父母又吵了起来，妈妈冲着爸爸大吼，爸爸情急之下打了妈妈一巴掌。躲在角落里的明明满脸泪水，吓得差点哭出声，但自那之后明明再也不敢去人多的地方了，一看到有人打架，就慌忙地跑开。

  父母之间的争吵，子女不能完全不管，这不仅影响父母之间的感情，同时还会给孩子造成一定程度的心理损伤。有些时候父母吵架也是引起子女重视的一种暗号，所以遇到父母吵架时一定要分析他们争吵的原因。

  假如，妈妈常埋怨爸爸不讲卫生，或许嫌他多少有点儿懒，你能不能提醒爸爸呢？假如，是爸爸责怪妈妈为一点点小事就唠叨个没完，你能不能悄悄制止妈妈呢？家里没盐了，不等妈妈说话，你快跑几步买回来；屋里又乱了，爸爸偏偏不想动，你就勤快点很快整理好了，假如是这样，你父母的争吵就会少得多了。知道吗？懂事的孩子，聪明的孩子，恰恰能在父母之间起到"润滑油"的作用。正是因为有了你，家庭这部"机器"才能运转正常。我相信，你会努力的。

  也许，你真的做到了这些，父母的"征战"依然不休。如果是这样，他们之间的矛盾就不可能因你而化解了。再遇他们争吵，你不如立即回避。因为，他们有自己的感情世界，他们的是是非非，你还远不能明白，最好的办法是："三十六计，走为上策"。出去散散心、透透气，或者找上个对心思的同学谈谈心。跳跳跑跑，说说笑笑，尽可能忘却心中的烦恼。说不定，当你犹犹豫豫回到家的时候，家里已经安安静静，就像什么事都没有发生一样。当然这是最好的结果了。

  当然，大多数情况下父母之间轻微的拌嘴是不需要干预的，因为共同生活了一辈子，产生摩擦难以避免。而且有的时候挑起事端纯粹是为了调剂生活，就好像我们平时生活里的问候和打招呼一样，你一言我一语，并没有横眉立目，反而有几分玩笑在里面，包含了关怀与温情。

另外，父母争吵只要不涉及原则性问题，可以让他们充分表达自己的观点。如果争吵出现冲突，子女还是应该加以干涉，防止争吵升级为冷战甚至暴力。子女可以用一种较为幽默诙谐的方式来协调，说一句玩笑话，淡化一方的缺点或者过失，活跃气氛，转移话题，让气氛重新变得和睦起来，防止父母长期吵架出现新的问题。

父母恩爱，相敬如宾，家庭和睦，互尊互爱，是每一个孩子都渴望的。孩子觉得每天看到父母的真诚的笑容，感受到父母传递的幸福，就是快乐的。如果父母整天吵架，没有幸福，孩子也会感到痛苦，又何谈快乐呢？所以温馨和睦的家庭环境对培养孩子快乐的个性至关重要，它能让孩子时刻感受到来自父母的温暖，在幸福感的熏染下保持快乐的心态。

爱幻想

青年是一个幻想的时代，你喜欢幻想自己变漂亮，走在大街上很多人回过头来看你的样子；你喜欢幻想考第一名，站在领奖台上接受众人掌声与喝彩的样子；你喜欢幻想自己长大了，开着名车，住着豪宅，迎接众人"异样"目光的样子。幻想像是一个多彩的气球，不知道谁一不小心扎破了，于是你被残忍地仍回现实。现实中的你没有美丽，没有钱、车和房子，没有好的成绩。幻想只是幻想，毕竟不是现实，你的人生就是这样了，没有动力，无法前行！

青少年时期是人从幼稚顽童向成熟个体的过渡时期，随着生理发展尤其是性的成熟，青春期便踏着轻盈而欢快的步履悄然而至。此时青少年的心理发展也渐次成熟，这意味着他们将由一个依赖于成人抚养教育，主要按照成人和社会所制定的规范生活的孩子，逐渐转变为能够独立生活、自主从事各种活动的成年人。他们的认识水平、情感体验和自我调控能力都在这一时期有了飞速的发展，他们的理想、信念、世界观、人生观、价值观也慢慢地形成和定型，这为他们走向社会、步入人生定下了基调。这是青少年幻想形成的前提。

幻想是以社会或个人的理想和愿望为依据，对还没有实现的事物形成的一种想象。青少年把现实生活中的所见所闻，放置到自己幻想的世界中，实际是为了满足自己的一种虚荣、需求或追求。当然合理的幻想，能给青少年一种满足感，在精神上满足他们的虚荣追求等，某种程度上将也是一种动力，激励青少年为自己的美好将来奋斗，可以说幻想是青少年前进的"催化剂"。但不切合实际的幻想，就会变成一种空想，折磨着青少年的身心。就像一个甜蜜的梦，青少年沉浸其中不愿醒来，而一旦梦醒了，回到现实中他们又会备受打击，愤恨现实中的自己，愤恨周围的一切不如幻想中美好，进而抱怨父母没有给自己优裕的环境，抱怨周围的人世俗，悲观厌世，这势必会阻碍自己的身心健康成长。

我们也不能把幻想等同于理想，二者有许多不同。理想首先应该是一个通过自己能够达成的目标，应该是有可行性的，符合现实的合理的目标。因此一个理想主义者首先就是一个现实主义者，他在追求完美的路上不断努力，充实自己，让自己达到接近完美的境界。一个理想主义者为了实现自己的理想首先都是头脑冷静的，是客观看待世界的。因此他们才能够战胜一个又一个的困难，最终实现自己的理想。

幻想主义者与理想主义者在生活观上的区别是：前者在遇到困难的时候总是希望有超人、上帝、救星，能够给予他们帮助。他们总是希望有所依靠，得到别人的无私付出。后者在遇到困难时总是首先客观评价自己的能力，然后想办法去解决，他们不会轻易地索取。前者相信所谓天生的命运。后者相信思想决定命运。

这就要求我们正确处理幻想、理想和现实之间的关系。

面对孩子在想象力发展过程中出现的问题，我们要限制孩子想象力的发展吗？当然不是，我们对孩子的想象力发展要采取积极的引导，让孩子的想象充分发展，同时随着年龄的增长，我们还要帮助孩子学会分辨哪些是想的，哪些是真的，想象的夸张与现实的真实到底有什么不同。顺乎孩子的天性，尊重孩子想象的权利，就是对孩子创造性的最大程度的保护。而一个孩子身上表现出的创造性，才是维系其一生的重要心理品质之一。

想象是在孩子大量的生活经验基础上积累起来的，所以要丰富孩子的生活经验，发展孩子的想象。鼓励孩子大胆想象，引导孩子合理地幻想。

最后，不要放弃做一个现实的理想主义者，只有真正的理想主义者，才能得到自己想要的生活。因为理想是建立在现实这个踏实的基础上的。那些所谓不屑理想主义者的人，不过是一些从幻想主义经过生活失败经历演变成世俗主义的生活不如意的人。真正的理想主义者是接受生活中存在消极因素的，只不过他们因为有自己的理想，所以不会受消极因素影响罢了。

青少年现在的年龄本身就处于一种爱幻想的年龄，面对幻想，只要自己可以分清楚现实和幻想即可。而有时候你可以把自己的幻想记录下来，这些幻想有些可以成为你奋斗的目标，而有些可能是一些新的创意。合理的幻想正是创造的开始，也是想象的一个最高境界。

抠门儿

你认为节俭是一个人最优秀的品质，花费每一分钱，你都要斟酌再三。同学向你借块橡皮用一下，你都不愿意，生怕被他们弄坏了。有一次考试，同学的钢笔坏了，他向你借几元钱买一支笔，你仍是死活不答应。为此，你成了别人眼中的"超级铁公鸡"。你心里十分痛苦，百思不得其解：难道节俭也有错吗？

你这不是节俭，而是吝啬。节俭不等于吝啬。节俭，是在生活中节约财物、不讲排场的意思；吝啬，是舍不得钱财周济贫穷、不愿意救助急难的意思。节俭的确是一种优秀的品质，而吝啬却是一种不正常的心态。从心理学上看，它是一种消极的自我防御心理，你怕帮助了别人得不到回报而焦虑，从而建立起一个强度很大的心理防御机制。吝啬会削弱你的同情、仁爱之心，让你不关心周围的事物，即使有能力资助或帮助他人也不肯付诸于行动。这样就破坏了你与同学之间团结和谐的关系，让你失去很多知心朋友，有了困难也就很难得到他们的帮助，整天生活在孤独之中。

有人定义犹太人吝啬，但是犹太人的花钱习惯，是在选择性的奢侈和精打细算的节约之间寻求平衡，与吝啬不可同日而语。反犹主义之所以认定犹太人吝啬，完全是一种误解，犹太人捐款时的慷慨大度是人所共知的。根据《福布斯》杂志中一篇叫做《超级守财奴》的文章的说法，最著名的

"吝啬鬼"并不是犹太人。例如美国前总统柯立芝，只有两套西装。石油大王保罗·盖蒂在家里装了付费电话，他说："如果让每个客人都打 10 到 15 分钟电话，加起来可不得了！"他出远门的时候，会叫守门人把信件写上新地址退给他，不让他们再花钱买新邮票。电影皇帝克拉克·盖博曾经为了软糖豆比 1 年前贵了几分钱，而和杂货店主争论不休。著名影星加里·格兰特把冰箱里的所有牛奶瓶都用红笔做上记号，以防仆人偷喝。至于汽车巨擘艾柯卡，在克莱斯勒做高级经理时，曾留下这样一个笑话："如果你与看起来像艾柯卡，声音像艾柯卡的人共进午餐，如果他主动拿起账单，这个人绝对不是艾柯卡。"

如今，不少有能力施舍的人，极尽奢侈；有能力节俭的人，却又很吝啬。如果既能施舍贫穷和救助急难，自己在平日的生活中能节俭，而在雪中送炭上又不吝啬，就最好了。有人说："你是怎样的人，决定你能成为怎样的人。"一个人如果很吝啬，他又怎么会慷慨奉献自己，帮助他人呢？你也不想在别人为难的时候，抱着自己的钱罐儿，孤零零地站在角落里，等待别人去创造奇迹吧？

你要培养自己的爱心，多做好事、多资助有困难的人，尽快消除吝啬心理，不要再因"节俭"而吝啬。关心与帮助历来都是互相的，每个人都会有需要别人帮助的时候，今天帮人一把，日后自己有什么困难，也一定会得到他人的帮助。懂得了这一点，你就可能会为以前"节俭"的做法感到脸红。所以，以后同学再向你借橡皮时，你要爽快答应，别人有什么困难，你要主动帮助。当你对待同学都充满了爱心，并能做到乐于助人时，还会有人称你为"超级铁公鸡"吗？那你就快快行动，尝试着去帮助身边需要帮助的人吧！

生活中要发扬"勤俭节约很光荣，铺张浪费真可耻"的优良作风。勤俭节约是一种良好的品德，但要摆正自己对人对事的态度，将其与吝啬区别开来，用合理的方法去实施节约计划，最后让你所珍视的、节约的东西，发挥其最大的价值。其次要制订计划，明智消费。俗话说："不当家，不知道柴米贵。"这将使你明白如何更珍惜生活，珍惜付出后得来的成果，并对你一生的成长产生深远的影响。

节俭习惯的养成，是一个日积月累、循序渐进的过程。要把孩子培养成有志向、有出息的人，勤俭节约、艰苦朴素的教育是不可或缺的，这将成为孩子永久的财富。

目标符合实际

你总是故意给自己制定一个较高的目标，以为只有这样才能更好地激发出自身的潜能，激发出更大的干劲。你明知目标不能实现，但仍然坚持那个目标，你以为只有这样你才能有突出的表现。虽然你的成绩在班里平平，但你却给自己定了下次考试要考全校第一的目标；虽然你体质不行，但你却非要让自己在田径赛上夺得冠军……你总在鼓励自己，目标高才会成功。

期望值太高实现起来的难度相对就会大，如果头脑里总是装着一个不能实现的高目标，那无异于顶着一块石头，早晚会让你因不堪重负而垮下来。你之所以定出一个很高的期望值，无非是为了证明自己比别人优秀，你固然在力图实现它，带有一丝不达目的誓不罢休的味道，实际上这是对自己的不负责任。每个人都不免对自己有一些期望，这个期望值如果不切实际，太不合理，就会给你带来许多的失望和沮丧，反而会影响你的自我发展。

还有一种情况就是不可好高骛远，让我们来看看下面的例子：

最初鹞子能发出一种动听的尖叫声。当他听见马嘶叫后，觉得非常好听，十分喜欢，便不断使劲地去学马那样的嘶叫声。最终不但一点没有学会，而且连自己原来的叫声也不会了。

这故事是说，那些好高骛远的人总想要他本性以外的东西，到头来得不偿失，连他自己本来具有的东西都丧失了。

真正的成功是由明确、合理的目标开始的。首先你应该对自身的真实情况有所了解，然后依据自身条件制定合理的目标，为了确保目标的实现，你可以把大目标分成若干小目标，再制定好计划一步步地去实现它。比如，要想考全校第一，可以从争取全班第一开始；要想考取全班第一，可以从提高自己现在的成绩开始。总之，要结合实际，订立一个通过自己努力确实可以实现的目标,这样你干起来才真正会有劲头。

人生是一个旅程,如果你没有一个旅程计划,那你打算如何到达终点?如果你给自己制定的目标太高,前进路上一路坎坷又会打消你的积极性,所以制定目标要合理:

(1) 如果你已经有了一个计划,先问问自己下面的问题:

① "关于这件事情,我了解什么?"

② "我已经掌握了哪些信息?"

③ "哪些信息是我需要的?我该如何获得这些信息?"

④ "我需要熟悉哪些技能?"

⑤ "我该利用其他什么资源?"

⑥ "这是解决问题最好的办法吗?还是还有其他更好的办法?"

(2) 设定目标的起点要低,然后慢慢提高自己的目标。

一个人的梦想不是越远大越好,而是能够作为目标引领自己的人生为最好。很多时候一个人的梦想能否最终实现,最关键的是看对自己是否有着清醒的认识。所以目标并不一定要设置得太高,如果你把自己的目标设置得太高,你会发现你需要投入大量的时间和精力。到头来你只能放弃,或着重新设定另一个差不多的目标。认识自己,先要树立一个可以实现的梦想。合理地规划梦想,把自己的综合能力和自己的未来结合在一起,那就是自己的梦想的空间了。

(3) 把目标细化。

也许你会设定一些太泛的目标,例如:"我想成为一个成功的人","我想成为有钱人"。但是,怎么样才算达到目标了呢?倒不如把这些个目标分为生活中各个方面的小目标。比如家庭、居室、职业、社交、生理、心理和精神等方面。按照时间、日期、工作量等其他要素,细化成一个个容易操作的小的阶段。这样,你的目标才更有可能会实现。记住:即使是伟人,他也是从某一点开始做起的。

(4) 要有时间观念,不要拖延。

浪费时间就是浪费生命,也是慢性自杀。如果目标的其中一个环节被拖延,后面的环节就需要付出更多的时间和精力补上前面拖延造成的损失。为了避免自身的懒惰或是其他原因造成的拖延,你可以给自己设定一个时间表，也可以在每次按时完成目标时给自己一个小小的奖励。

做好现在，才有将来。一个没有根基的房子是无法盖起来的。我们的梦想也一样，现在是将来的基础，没有哪项成就是"空中楼阁"，不需任何基础就能建起。一个身居高位的人，一定是积累了很多实际的工作经验才顺利升职的。那些不肯"屈就"的人，往往也难以如他们所愿地登上高位。真正的梦想与现实之间有一座桥梁，它需要你努力向前，走稳脚下的每一步，才能到达彼岸。当一个人只溺于理想而逃避现实时，他就失去了立足之地。

 鲁莽行事

你总是"风风火火"，一想起做某件事就要马上付诸行动。你不喜欢等待和规划，你觉得这样无形中会浪费做事的时间和效率。你甚至觉得生活中需要的就是"敢拼"、"敢干"的十足尽头，所以你毫不犹豫地投身于自己的事业中，什么都不去考虑。

青少年意气风发、"说干就干"这种精神值得佩服，但是不假思索，做事前缺乏周密的考虑则会酿成恶果。

小韩是班上学习成绩数一数二的好学生，学习也很踏实，连老师都夸："小寒将来考进市重点中学一点问题都没有！"可是不久却发生了一件令人震惊的事，放学的路上小韩看到好朋友和别的同学打起架来，还一直喊自己过去帮忙，一时间慌了手脚。"不过去帮忙以后大家肯定看不起我，过去帮忙我又没有打过人"，情急之下，他捡起一块砖头朝同学头上砸去，顿时血流满地，好朋友也看着他，惊呆了……

相信读完上面这个故事大家都应该有所深思，因为做事前缺乏思考力，小韩的市重点中学梦破碎了，等待他的也成了无边的黑暗。我们常说"三思而后行"就是这个道理。

不假思索动手就干，虽然青少年的目标明确，但无疑中间的实施过程严重缺失，这是心中的一道空白，那该如何填补呢？于是青少年盲目的凭

借自己一时的义气或者自己不正确的思维方式实行，没有科学的指导，忽视法律的存在，结果可想而知。

"三思而后行"出自《论语·公冶长》，季文子做每件事前都要经过详细考虑，然后才去做。孔子听说了这件事，就对他说："你不要想着直接去做就行。""三思而后行"的原意却指犹豫不决，拿不定主意。但是随着时间的流逝，语言环境的变化，其意义也发生了改变，于是就有了今天的：做事前先要经过一番周密的考虑，然后再动手实行。同时它也成为了一条训诫，保留至今。

"三思而后行"发源于有着五千年悠久历史的儒学，体现了儒学教育的精髓，它的存在有其社会需要性。当今社会文化竞争日益激烈，而文化竞争的决胜力量又在于思考力。当前青少年普遍存在浮躁心理，做事前缺乏周密的考虑，往往不计后果，凭借一时的冲动"一失足成千古恨"。虽然很多父母都喜欢亲自规划孩子的生活学习，做事前为孩子想好种种可能的情况，但父母毕竟不是孩子一辈子的避风港，培养孩子的独立思考力才是最终的目的。

明白了以上道理，我们就应该让孩子在培养自己做事前的思考力上下工夫了。

首先青少年要多看书，诸如《十万个为什么》，读完了之后还要思考。"学而不思则罔，思而不学则殆"，可见思考的重要性。要切记不要死读书，列宁说过："我们不需要死读硬记，我们需要用基本的知识来发展和增进每个学习者的思考力。"

我们常说："性格决定命运，观念决定成败，思维决定性格和观念。"我们要培养良好的思维习惯。思维是人脑特有的对周围世界进行分析、判断、推理的一种认知活动，在认知过程中人会运用各种各样的思维方式，人一旦将某种思维方式形成固定反射，就成了思维习惯。好的思维习惯对人提高认识世界的水平、保持人的身心健康是有利的；而不良思维习惯则会导致人认识世界的错误，也会对人本身的身心发展造成巨大伤害。现代社会人的生存竞争越来越激烈，不良的思维习惯直接导致人性格的错位和观念的变异，给人带来精神上的生存障碍和生活、工作等的压力。所以，尽早锻炼你做事前的思考力吧！

沉 默

　　有这样一个故事：一个远道而来的客人郑重其事地送给主人一个礼盒，主人非常开心地收下了，打开一看只是三个很普通的小金人。主人很奇怪地问远道而来的客人，为何送这样的小金人给他？客人拿出三个小金人放在桌上，用一根稻草做了一个实验给主人看，当稻草穿过第一个小金人左耳的时候，稻草从右耳出来了；客人又用稻草穿进第二个金人的左耳，稻草立即从金人的嘴里吐了出来；当客人再次把稻草穿进第三个金人的左耳时，却被第三个金人吞进了肚子里，再也出不来了。

　　这个故事其实告诉了我们一个做人的道理：有种人做人很消极，对什么都不会用心去想，也很难用心去做，对生活是一种混日子的态度。也就是第一个金人，对所有一切都不会经过他的思维，更不会付诸行动，左耳进右耳出了，好像什么都没有发生，这是一种对生活消极对抗的情绪，也是对自己的一种放纵，对好的意见和有建设性的提议甚至都懒得去理会，长时间地沉浸在自己固定的思维里面，不想发展也不想突破，做人以过一天算一天论。

　　有的人做人在小处很精明，喜欢着眼于眼前利益，也善于利用一切机会，为了显示自己的博闻，喜欢到处打听，然后不负责任地乱说。有的是因为头脑简单，凡事不用大脑，喜欢成为闲谈的主角，也许并没有多大的恶意，只不过对看到的听到的不会加以分析，说出来的话只是别人简单的重复，该说的不该说的都说了出来。谈到有什么居心，也未必有，只不过有时候太热衷于传播一些不切实际的言论，让周围的人感到尴尬甚至搞出很多是非，而且很有可能被别有用心的人利用。做人有时候需要厚道一点，听到的和见到的未必是真实的，片面的言词会伤人于无形，不负责任的传播可能会给别人带来不必要的干扰。这也是第二个金人要告诫人们的：慎重自己的言行。

　　在一个特定的环境或是一个特定的时期，沉默是最好的处事为人。很多时候的很多事，不是谁想怎样就能怎样的，有许多客观和主观的因素影响着事态的发展。对很多未经证实的言论最好不要评说，放在肚子里，让不好的传闻止于你的沉默，对别人负责也是对自己的尊重。

沉默并不是一件坏事。沉默是一种对自己的保护，抑或是对某种东西的反抗，更或者是彻头彻尾的无话可说——习惯成自然。人的沉默也会随着角色扮演的转换而发生变化。当你非常排斥某种场域的时候你会选择沉默来保护自己；当你非常喜欢并想要融入某个群体的时候，你会突然说很多话不再沉默。生活中我们都有这样的经验，在一群人面前你发现自己是格格不入的，于是你选择沉默，你扮演的是这样一个角色，这些人会认为你是一个很内向的人。可是当你进入另一个空间的时候，你非常喜欢这个场域的人和氛围，你不再沉默，滔滔不绝地说话，这时这个场域的人觉得你是一个话很多的人。其实，那个沉默的你和那个滔滔不绝的你都是你自己，我们只是在不同地方选择扮演不同的角色，可是在扮演的时候你自己并没有意识到。

当然沉默只有在情况下是不好的。那就是一种冷暴力。它有点类似鲁迅笔下的世界。当一个课堂需要大家提出怀疑的声音时，所有人都选择沉默；当一个不好的现象需要有人提出质疑和批评的时候，没有人说话；当在公车上看到有人没素质地做下三滥的事，大家都沉默。那一刻，沉默是令人寒心的，倘若只有你一个人在呼喊，孤独感包围着整个心。

现代的社会应该是张扬个性的年代，张扬的是自己的自信，沉默的是一些阴暗的东西。做人的磊落，凭的是真正的能力，而不是踩着别人的肩膀还嫌不够稳妥，用一种似是而非的诽谤获取自己想要的东西，就算一切可以暂时得到，却失去了做人应有的尊严。

"沉默是金。"在人生纷乱的时刻，沉默静守才能保持自己的清醒。当生活的巨浪袭来的时候，用自己稳健的行动去抵挡，此时语言的力量是苍白的无效的，就算你使尽全身的力量也喊不出与浪涛声相抗衡的音量，沉默不是退让，而是积蓄下一次奋起的力量，寻找时机走出人生真正的辉煌。

交友的空间

人际关系的密度并不是越高越好,"距离产生美",不要时时刻刻把自己的透明度设置为百分之百,要懂得运用距离效应。

有节制有理智的交往才是正确的交友态度,朋友之间不能毫无顾忌。正如在安全的地方,人的思想总是松弛的一样,在与好友交往时,你可能只注意到了你们亲密的关系在不断成长,每天在一起无话不谈。对外人你可以骄傲地说:"我们之间没有秘密可言。"但是,毫无间隙的距离,往往会对你造成伤害。

有两只小刺猬,尽管躲在洞里,也尽量蜷缩着身子,但因为天气实在太冷了,即使这样仍然被冻得瑟瑟发抖。就在它们感觉快要被冻僵的时候,其中的一只刺猬突然灵机一动,向另外一只建议道:"我们靠紧一点,或许身上的热量会散发得慢一点。"另外一只也觉得有道理,于是,它们开始了尝试。但没想到的是,由于它们靠得太紧,它们身上的刺刺到对方了。

虽然第一次尝试失败了,但由于它们在被对方刺痛得同时,也确实感到了对方的温暖,所以它们没有气馁,又重新开始了第二次尝试。这一次,为了不伤害对方,它们开始小心翼翼地一点一点地靠近,最后,它们成功了。它们终于找到了一个合适的距离。

有很多人遇到过这种情况,朋友的热情让你害怕甚至恐惧。朋友之间各自的家庭、工作和其他社会环境,都不尽相同。作为朋友,如果不考虑实际,以自我为中心,强求朋友经常在一块与你厮守,势必会给他人带来困难。此外,人与人之间的差异是必然存在的,交往的次数愈是频繁,这种差异就愈是明显,经常形影不离会使这种差异在友谊上起到不应有的作用。因此,交友不要过往甚密,一则影响着双方的工作、学习和家庭,再则会影响感情的持久。交友应重在以心相交,来往有节。

好友亲密要有度,切不可自恃关系密切而无所顾忌。亲密过度,就可能发生质变,好比站得越高跌得越重,过密的关系一旦破裂,裂缝就会越来越大,好友势必会成冤家仇敌。而现实生活中,牢记这一点的人并不多,以密友相称的人为了证明一切,把当众指责、揭露看作一种证明的手段,往往导致友人的不满。"朋友的形象是你们共同的旗帜，不论关系多么亲密，请你不要砍伐它。"

不要拿爱情的标准来衡量友谊，你不要希望你的朋友像妻子一样对你忠贞不贰，爱情是越专一就越甜蜜，友谊则不一样，我们生活在大千世界里，世界上的路不会只有一条，友谊本来就是很多人的事，朋友多了苦恼会少，朋友少了苦恼会多。你应该看到这一点。你是这样，你的朋友也是这样。

健全的和不健全的友谊之间有一条细微的几乎模糊不清的界限。有些人与朋友的关系恶化、令人失望或极其令人不满，他们往往无法区分健全的和非健全的友谊。过分地依赖会损害你和朋友的关系，而且是双方的。朋友并非父母，他们没有指导和保护你的义务，他们能给你支持，但不可能包办代替，你必须清楚，他们只不过是朋友而已。如果你自己不能断然决定，缺乏主见，就会使你受到朋友正确或错误的意见的影响。为此，你应该立刻决定，摆脱对朋友的依赖。

想要控制朋友的想法是愚蠢的。有的朋友，他们不可抗拒，盛气凌人，在与朋友的交往中，总喜欢指手画脚，不管朋友的想法如何，都要求朋友按照自己的意愿去做。这种做法无异为友谊的发展埋下了不祥之笔。如果你想对朋友说"你应该"、"你不应该"、"你最好"、"你必须"之类的话，那么你无疑是想控制朋友的生活，这种做法，会使朋友感到很不愉快。如果你是被控制的，不要认为有人为你操心一切是再好不过的了。控制你的朋友不是知心的朋友。谁都不希望被任何人统治，每个人都希望平等地交往。

亲密的友谊，是在理解和赞扬声中不断成长的，不应该是粗鲁的、庸俗的。该拒绝时不要迟疑。当然，帮助朋友是应该的，尤其是主动地和心甘情愿地帮助需要你的朋友。但是，如果你是被某种心理上的压力所迫，对一切都点头答应，这实际上是在屈服于另一种性质的某些动机，那会失去自己做人的原则和方向。

亲子沟通

代沟是指两代人因价值观念、思维方式、行为方式、道德标准等方面的不同而带来的思想观念、行为习惯的差异。"代际冲突"即由这一差异而导致的两代人在解决问题方式、评价问题标准等方面产生的分歧和矛盾。

代沟形成的原因有很多，归纳起来，主要分为生理、心理、社会发展、角色差异等原因。

（1）生理上，青少年正处在发育阶段，体力和智力发展迅速，好运动、敢创新，但却耐力不足；成年人的身心已发展到最高峰，对人生、社会已有全面成熟的认识，态度和观念也已基本定性，缺少变化。

（2）心理上，进入青春期的青少年因依附性减弱，独立性增强，从而使亲子两代人在对待事物的认识上产生一定的距离。

（3）从社会发展角度分析，两代人成长的社会环境不同，适应环境变化的能力也不同。父母的世界观和人生观可能和孩子的想法相去甚远。另外，两代人适应环境变化的能力不同，社会观念、社会环境、工作性质、生活方式、人际关系等方面的变化，对上一代人冲击较大，他们不能很快适应这个时代的发展；而正处在这个时代的青少年，能很快融入这个时代，能够迅速接受新鲜事物，两代人之间因此出现摩擦。

（4）亲子之间所扮演的角色不同。作为父母，要承担一定的社会责任，需要履行抚养、教育孩子的义务。他们对子女有很高的期望值，希望孩子听话、有出息。而少年则处于被教育、被保护的地位，他们的要求很容易被忽视，尤其是父母的溺爱常常被他们看成枷锁。

由于态度的不同及意见分歧，因此出现了一条心理鸿沟，致使青少年认为父母不了解他们，有事宁可与同学商谈，而不愿向家长诉说；甚至以不满、顶撞、反抗、违法等方式试图摆脱成人或社会的监护，以自己的方式行事，坚持自己的理想和判断是非的标准。

某种意义上说，代沟是时代进步的标志，但也是困扰交流与沟通的难点，且容易增加形成偏见和歧视的可能性，代沟两侧的人轻则互不理解，重则抱有敌意，所以要通过种种途径，做各种努力来跨越代沟、填平代沟。

代沟是一种心理存在，良好的沟通方式可以让代际之间曾经断裂的心理联系接续起来，从而达到交流的顺畅和相处的和谐。

承认代沟，面对代沟，不要回避，要迎刃而上。生活中的代沟，其实可以不必计较，所谓青菜萝卜，各有所爱。而思想上的代沟，需要在沟通中进行碰撞，在碰撞中取得个性的共振。两代之间不能伤感情，不然，不但无法沟通，而且会加深隔阂。

著名家庭教育专家李晓凡和儿子王树之间的故事可以借鉴。从称谓就可以看出李老师和儿子之间的平等关系：哥们、老同志。一次，李晓凡无意中发现一封写给儿子的情书，她没读内容，悄悄把它放在桌上。这是她无声地告诉儿子：妈妈知道这事儿了。冷却一段时间之后，儿子坐不住了，主动和妈妈谈起一个女生。李老师没有大惊小怪，反而鼓励儿子树立正确的恋爱观。一场容易激化的早恋风波顺利地平息下来。

消弭代沟，需要家长和孩子的共同努力。可怜天下父母心，做父母的谁不想父爱母慈，儿女听话、有出息？所以对于父母给我们的无法承受的期望要及时和父母沟通，增进与父母之间的信任情感。要求父母尊重自己的同时，也要尊重父母。青少年由于涉世不深，看待事物经常抱理想主义的态度，遇挫折易于沮丧，也易受他人影响，考虑问题片面甚至凭冲动办事，理性不足、是非界限不清。这就需要双方共同的谅解。

道德健康

言而无信

1. 做老实人吃亏

有不少青少年认为，现在假冒伪劣商品充斥市场，毒米毒酒事件不断，企业恶意逃避债务，假账、假破产、假出口、假证书……层出不穷；虚假广告、虚假新闻屡禁不止；价格欺诈随处可见；人才市场有假文凭，文艺界有假唱，体育界有假球黑哨……连政府部门都有作假，有些地方领导为了在任政绩，虚报产量产值、财政收入，统计做假屡有发生。他们认为现在社会没有什么诚信可言，做老实人"吃亏"，讲信用的人"无用"。现实生活中，青少年涉世之初，父母亲往往"谆谆教诲"："社会复杂啊！老实人要吃亏的！"爱子之心无可厚非，江湖险恶亦是事实，生活中确有诚信者受屈，狡诈者获利的事情，于是"利字提中间，诚信撇两边"成了不少青少年的人生哲学。

2. 做假是脑瓜活

青少年考试作弊是公开的秘密。学校在期中期末考试时，设立专门考场，监考老师严阵以待，领导巡视考场，效果仍不理想，考试作弊手法越来越高明，监考老师力不从心。

涂改试卷，这是青少年学生做假的又一种手法。小发明、小创造、小论文移花接木亦属常有之事。在一些学校科技节创造发明成果展示中，总有几件作品是由学生家长代刀的或在市场上买来的最新产品，贴上学生的名字，就是他的杰作了。学校为了多出成果、多拿奖牌也就默认了。

言而无信，出尔反尔，视许诺为儿戏。"虚心接受，屡教不改"，这是教师在教育学生中碰到较为普遍的问题。如上课迟到、作业不交、上课经常讲废话等，找他谈话，对老师地批评他"虚心接受，保证改正"。然而，一星期还未过，老毛病又重犯。

3. 诚信与行为脱节

有些青少年学生说的和做的不一样，正规场合和非正规场合不一样，角色不同不一样。如教师在时能遵守有关规范，而教师不在时却不能遵守；在班主任面前是一套，在任课老师面前另一套。有些中学生，在校是好学生，尊敬老师，善待同学；而在家里却不能尊敬长辈，不关心他人。有些学生说起他人来头头是道，别人怎么不对，应该怎么做，但是一牵扯到自己就不行了。有的学生犯了错误就是不肯承认。教室的窗玻璃敲碎了，学校篮球架被损坏了，就是无人承认，教师找到他了，能推则推，能赖则赖。自行车撞倒了行人，连"对不起"都不说一声，骑车就跑。

提起"道德与健康"的话题，有人会问，道德是维护社会秩序的一种规范，怎么会和人的健康有关系呢？

其实，健康包括身、心两个方面。而现在许多人的健康观却很片面，自认为身体不生疾病就是健康，忽略了人的心理健康，从而在尽力维护身体健康的同时，忘记了对心灵的必要照顾。

道德的作用，不仅仅是维护社会整体的健康，它在很大程度上首先关注着个体的心理或生理的健康。因为道德的根本范畴"善"，首先关照的是个人良心的安宁，只有良心的安宁，才可以有健康的心理。依据"善"的原则而产生的诸多规范，有相当一部分是养生之道，另一部分是修性之道，都没有离开对个体健康的关注。

中国传统道德观十分重视修身养性，经自省自律达到自身的完美。《大学》中讲："大学之道，在明德，在亲民，在止于至善。"当代新型道德中的有关"精神文明建设"的规范，也有直接关注个人健康的内容。这些恰好与中医养生法相一致。《黄帝内经》里的有关"饮食有节，起居有常，不妄劳作"，使人"形与神俱"以及合于四时变化而规范起居等的论述，既是医术，又是道德观。儒家道德中的核心"仁"、"义"等主张，只不过加重了社会色彩，其养生价值也有一定的积极意义。

道德规范中还有一些是通过良心而起作用的，譬如"善"与"恶"。一个人会因为做了恶事而感到良心不安、精神压抑、心理失衡，以至于身体失调、生病。有些所谓心理稳定的人做了错事，虽然可以暂时把良心责备隐藏了起来，但在夜深人静时，也会陷于更深的痛苦之中。与良心不安相伴的，还有恐惧，因为人作恶之后唯恐遭到报应。良心的不安或持续的恐惧则会严重地影响人的健康。

相反，经常做好事的人，那些为善者，"心无挂碍，故无有恐惧"，而且良心安宁，泰然自若。他们或乐于助人，或倾心于公益事业，不仅受到人们的尊敬，而且自己身心俱安，精神愉快，连离世时都走得轻松。马克思的逝世就很安详，那是因为他一生坦荡磊落，无私无畏，没有一丝懊悔和恐惧。

现代社会里，有些人之所以在优越的环境里不能保持身心的健康，是因为没有认识到道德对人健康的重要作用。在追逐物质文明时，放弃了对道德的恪守，或沉溺酒色，或损人利己，或唯利是图，致使心理压力逐步加重，健康状况日趋不良，"半百而衰"，甚至染上怪病、绝症。可见，人们要提高健康水平，必须重视道德品行修养，保持和提高道德水平。

小偷小摸

1. 我还小没事

未满18岁的青少年属于未成年人，青少年犯错误不用承担法律责任，年轻人犯错误社会是会原谅的。

其实这样理解是错误的。我国刑法第十七条规定："已满十六周岁的人犯，应当负刑事责任"，"已满十四周岁不满十六周岁的人，犯故意杀人、故意伤害致人重伤或者死亡、强奸、抢劫、贩卖毒品、放火、爆炸、投毒罪的，应当负刑事责任"。

该法条指明两点：①我国规定的承担刑事责任的年龄是14岁，而不是18岁。②16岁以上的人对其所犯的罪行均应承担责任，14～16岁的人对故意杀人等严重刑事案件应负刑事责任。

2. 拿别人书本不算偷

今天的某些校园，个别青少年学生互相偷拿学习用品的现象很普遍。我国刑法规定秘密窃取公私财物的行为便是盗窃行为。从该规定可以看出盗窃是一种秘密窃取的行为，无论是谁都不应该从事这些行为，读书人（学生）也不行。公私财产应包括书籍，还包括钢笔、文具盒、随身听等其他文具和学习用品。现代法学理论甚至认为没有财产价值或者价值很小，但对物主具有精神上的特殊意义，法律也是保护的。如亲属的遗照、纪念品等，对这些物品进行窃取也构成盗窃。

生活中可能有些人因为盗窃的数额较小、年龄较小，没有承担应承担的刑事责任。但这并不是说他没有盗窃行为。虽然不用承担刑事责任，但依然要受到道德与舆论的谴责。另外，从犯罪心理学来看，盗窃是一种可以成瘾的行为，生活中被称为小偷小摸的习惯，一旦养成了这一习惯再想改掉是很难的，就像吸烟、赌博一样。

3. 不偷不抢就是不犯法

生活中有些青少年学生认为只要不偷不抢，便不违法，用不着学法、知法。

某市110报警中心在某天夜里九点半至十点半期间，突然接到100多个骚扰电话，严重干扰了正常的办公出警。第二天夜晚依然如此。经过缜密的侦察，原来是该市一个中专学校为了方便学生打电话，让邮电局在学生寝室中安装了磁卡电话，学生下夜自习后无所事事，便打紧急号码消遣。可这一行为已经造成严重后果，经过调查，公安部门对情节严重的学生进行了治安处罚。从这件事中可以看出很多学生在打电话时，并没有危害社会的恶意，仅仅是出于好奇，但其行为却严重干扰了社会的秩序，因此受到法律的制裁。

敲诈欺骗

1. 网络诈骗

在网络这个虚拟世界中，人的姓名、资料变成了一个个符号，对方的资料背景都很难得到真实的了解。

有些青少年利用互联网故意散布虚假信息，或者隐瞒一些事实真相，以达到非法占有他人财物的目的。网络诈骗的种类很多，一般通过手机短信、电子邮件，或者是通过商务网站、聊天会友等方式发布一些虚假信息，如提供超低价的手机、电脑、汽车等，达到诈骗对方上钩的目的。

2. 色情诱骗

网络对青少年产生危害的网站主要有色情网站、自杀网站、赌博网站，其中色情网站对青少年的诱惑最大，上网用户只要轻点鼠标，就可在色情网站浏览，一些网吧老板见利忘义，公开向青少年提供含有赌博、色情、暴力、反动等不健康内容的电脑游戏，教给他们进入黄色网站和下载黄色图片的办法，也有的因无意访问了色情网站而一发不可收拾。由于青少年好奇心强，自控能力差，往往抵挡不住诱惑。

随着青少年上网人数越来越多，青少年因迷恋上网而引发的犯罪案件也呈上升之势。上网需要钱，就以每小时3元计算，一些学生一上网就是几小时、十几小时，周末双休日甚至通宵达旦地上网。

网吧及网上垃圾造成了许多负面影响，网络是近年来的新生事物，要用发展的眼光看待它，兴利除弊，逐步完善，我们不能拒绝现代文明。因此，学生上网需要正确认识和引导。

（1）要依法规范网吧管理，建立长期有效的管理机制。①进一步制定和完善有利于信息化健康发展的政策法规，努力做到有法可依，依法治网。②针对青少年身心特点和兴趣爱好，尽快建立和完善青少年网站，给青少年提供一个具有科学性、知识性、趣味性的网络天地。③加强网吧管理，网吧里的电脑必须全部安装网络净化器，阻止上网者登陆黄色网站，同时要严格控制学生上网的年龄和时间，对"黑网吧"要加大打击力度。

（2）学校要抓好电脑教育，引导学生正确使用互联网。学校应注重电脑教育和网德教育，教育学生摒弃不文明、不健康的网上行为，帮助青少年正确认识网络的作用和意义，引导学生正确上网。有条件的学校应设立相关的电子资料室，为喜爱电脑的学生上网查找资料、制作自己感兴趣的课题，提供良好的学习环境。

（3）家长要充分担当起监护管理的责任。要培养家长利用和使用网络的能力，使其能有效规范自己孩子上网的行为。对上网时间过长、迷恋上网的孩子，家长应该及时制止、限制和引导。同时，家长应精心设计、周密安排好孩子的课余生活和节假日生活，多渠道、多途径地培养孩子的广泛兴趣，鼓励孩子积极参加健康向上的文体、社会活动，让孩子度过快乐的时光。

早恋的危害

青少年的早恋尽管为数极少，也并不是恋爱的双方都成了牺牲品，但一部分早恋现象对学生已经造成了很大的危害，其危害性是不可忽视的。其危害性表现在以下几方面：

1. 分散精力，影响学业

早恋荒废了不少优秀学生的学业，毁了不少孩子的前程。早恋的青少年中有不少成绩优秀、出类拔萃者，但因为早恋，使他们过分好奇、兴奋、痴迷，过分沉醉于爱的幻想中，再无法全身心地投入学习。其实，学习犹如逆水行舟，不进则退，一个学生每天同时学几门功课，即使很用功的学生也没有把握一定能取得优异的成绩。倘若谈情说爱，彼此情意绵绵，心猿意马，怎么能将功课学好？中学生学的课程大多是基础课，学的是为将来走向社会做好铺垫的知识，如果在这个阶段不把基础打好，将来凭什么就业，靠什么成才发展，靠什么立足于社会、为国家作贡献呢？

2. 感情冲动，种下苦果

通常，恋爱和性爱是有着不解之缘的。少男少女坠入爱河以后，成天单独在一起，他们或成双成对外出郊游，或自由自在地进出影视厅，爱的镜头会成为他们关注和模仿的焦点，尤其是影视中男女亲吻、搂抱等动作，会激发少男少女们的感情冲动。强烈的性冲动往往使他们失去理智，不考虑后果而发生性行为。一旦生理和心理防线被冲破，婚前性行为便由此开始。在价值观、道德规范和生活经验尚未能有效地对本能欲求施加控制的情况下，早期的性行为会使青少年沉浸于性快感之中，而无视由此产生的心理和生理的不良后果。由于性知识的缺乏，由此而产生的生理后果——怀孕常常使得早恋中那种浪漫得意的气息一扫而光，代之以性行为后双方的惊恐不安和无所适从。由于少女的身心均未发育成熟，婚前性行为必然要种下苦果。我国的道德观念和舆论对少女怀孕是不能容忍的，于是有的少女因害怕别人知道，又无颜向老师及家长交待，便装病偷偷到远离家的医院去做人流，术后又得不到充分休息，给身体造成极大伤害。有的少女甚至因自行买药打胎而死于非命，更有的少女在事情败露后，在家长的打骂、学校的惩罚、同学的冷眼嘲笑面前无地自容，继而轻生。可见，早恋的结果，往往是少女成为最终的受害者。

3. 涣散意志，影响风气

在学校里，一个班级如果出现了男女学生谈恋爱，会产生种种影响。一些人把早恋事件当作课余饭后谈论的焦点，探听恋爱者的行踪和隐私活动，相互传播取笑，转移了大家的学习兴趣和注意力。有的甚至羡慕、向往、效仿先例积极寻找和物色异性朋友，影响了学校的风气。

另外，早恋的男女学生热衷于单独与恋人在一起，为避人耳目，他们常到一些没有熟人、僻静的曲径幽巷，与恋人相依相偎，讨厌别人的干扰。

长此以往，这种二人世界会逐渐脱离大众，他们也很少与班级多数同学正常交往，与集体和同学逐步形成隔阂，把自己推到孤立的位置上去。

4. 恋情极不稳定

青春期少男少女谈恋爱，可以说都是在身心都不很成熟的情况下进行的，加上青少年没有经济基础，其经济来源多半寄托于父母。因此，这种爱没有什么牢固的根基，是很容易中途夭折的。他们初入情网时往往信誓旦旦，甚至山盟海誓。但随着时间的流逝，他们由中学进入大学，或走向社会，知识和阅历逐渐丰富，生活经验不断积累，真的成熟起来，并确立了各自的世界观，有了新的择偶标准。过去曾经倾心挚爱的人，可能因为性格的变化，志趣爱好的不同而难以结合。到那时，他们回顾旧时的一段经历，会觉得似乎是一场游戏。有人做过追踪调查发现，早恋者的婚姻成功率极低，中学时代相互热恋的人，最后能组成家庭的并不多。为这种最终苦果多于甜果的"爱"，而耗去大量人生最美好的时光，未免太可惜了。青少年朋友确实要仔仔细细地观察和体会这一事实。

 如何克服早恋

早恋是青春期或青春期之前的少男少女所产生的过早恋爱的现象，一般发生于20岁之前。这个时期，由于年龄局限、涉世不深、缺乏必要的思考能力，而更多的是跟着感觉走。感觉到异性的突出表现及特长，如学习好、长相好、有特长等，往往都会使他（她）们产生倾慕之情。这时如果把握不住自己，便会走进情感误区，产生早恋。

有位作家说过，早恋是一朵带刺的玫瑰，我们常常被它的芬芳所吸引，然而，一旦情不自禁地触摸，又常常被无情地刺伤。

青少年要正确处理好自身的早恋问题，可以从如下几个方面入手去处理：

（1）要清楚地认识到早恋的危害，用理智来战胜这不成熟的感情。

早恋最直接的危害是严重干扰学习。由于整日整夜满脑子想着自己喜欢的那个异性，因此，会使你没心思去学习，也觉得学习没多大意思，上

课注意力就难以集中。由于没有认真听讲，因此，学习成绩就会越来越差。有人说，事业的引力，爱情的驱力，歧视与压迫的反作用力，是人生的三大动力。因此，早恋处理得好，可以产生"合动力"。有关统计材料表明，那些在中学时代就耳鬓厮磨、如胶似漆地恋着的，大都是学业荒废，爱情失败，甚至有的由"爱得深"变为"恨得深"。相反，那些把爱深深埋在心底一心向学的青少年，多数不仅事业有成，而且能够赢得爱神的青睐。因此，青少年要把眼光放得远一点，要用理智战胜自己的感情。毅力的真谛是战胜自己，你能战胜自己，便会摆脱早恋。

（2）要注意心理卫生。

不看不适宜的报纸杂志、影视节目，把精力投入到学习中去，多看一些伟人的传记，培养自己的意志力，树立远大的奋斗目标。有些青少年早恋或者单恋，喜欢夸大自己在对方心目中的地位，认为对方的一言一行都与自己有关，甚至是受自己影响的。对方成绩下降，挨了老师批评，以为这是因为自己的缘故，因此，替对方难过；对方近日精神不振或者瘦了，认为这是因为对方想念自己的缘故，因此，自己很感动。青少年的这种心理，其实是"自作多情"。青少年在这种对异性的想念和思念中，除了使学习下降外，还能得到什么呢！

（3）要正确处理早恋和男女生正常交往的关系。

每一个步入青春期的少男少女，随着生理的逐步成熟，会开始关注异性同学，并希望了解他们，与他们交往，这是一种正常的心理现象。青少年对异性的依恋并不是有些家长和老师所认为的那样，是一件丢人和见不得人的事。这与道德品质无多大关系。绝大多数青少年都"早恋"或"单恋"过一个自己很喜欢的异性。关键是青少年如何正确处理早恋和男女生正常交往的关系。不要过分地敏感，不要以为异性对你好一点就是爱上了，也不要动不动就向人家表达爱。

（4）多参加集体活动，分散独自喜欢一个异性的注意力，不要与异性单独交往。

通过参加有意义的集体活动，可以陶冶自己的情操，树立远大的理想，并能获得同学们的帮助和友谊。同时，这样做，能分散你早恋的注意力，减轻你的烦恼；也能使你头脑冷静下来思考，淡化你对你喜欢的异性的强烈情感。现在没有早恋，也许不久就会早恋，因此，应尽量避免同异性同学单独交往，因为受生理、心理因素的影响，青少年"爱"的火焰，随时都会被异性点燃，到那时，你就是想让它熄灭，也都难以做到。

（5）设法摆脱早恋。当有人向你表示爱意或求爱时，当你对异性萌生爱意时，可采取如下方法：

①转移法：把精力转移到学习上去，用探求知识的乐趣来取代不成熟的感情。

②冷处理法：逐步疏远彼此的关系，以冷却灼热的恋情。

③搁置法：即中止恋情，使双方的心扉不向对方开启，而保持着纯洁的、珍贵的友谊。

 暴力凶杀

青少年暴力行为包括暴力侵犯小动物、暴力侵犯同学、暴力侵犯社会等。

分析这些暴力行为的产生，其家庭教育是很重要的诱因。

1. 充满暴力氛围的家庭环境

家庭教育环境对孩子的成长至关重要，孩子身上往往带有自己父母深深的烙印。家庭暴力事件是诱发孩子发生社会暴力事件的"温床"。

（1）父母之间的相处充满暴力，孩子耳濡目染，情感深受伤害，变得冷漠，不懂得尊重他人，甚至冷酷，与别人相处中，一旦有矛盾也会用暴力处理问题，在暴力中宣泄自己。

（2）父母与别人相处靠武力解决问题，使孩子缺乏法制观念，以为以暴制暴是解决问题的途径。父母素质较低，在对孩子的言谈中，过多宣传暴力，崇尚暴力，使孩子崇尚暴力。

（3）孩子在家庭中人格自尊的丧失。父母在教育孩子的过程，方法简单粗暴，动不动就打骂孩子，孩子在家庭中就会丧失自尊感。长期下去，孩子不仅不会尊重父母，还会暴力侵犯他人。

物理学中"作用力与反作用力"的原理揭示：一个物体受到的作用力

与其产生的反作用力大小相等。学生受到什么样的对待,他就会以相同的方式对待他人。

2. 语言暴力

我们从有些青少年口中经常听到,如"你找死呀!是不是这两天没削你"、"欠揍"等充满暴力的话语,一些家长觉得这"又没有说脏话,只是口头语罢",忽视其对孩子身心的危害。其实,这是一种心灵上隐蔽性的伤害,是一种"软暴力"或称"心罚"。事实上,语言暴力往往是行为暴力的导火线。受侵害的一方一旦被激怒,又想不出更为解恨的词语打击对手,最直接的反应便是暴力倾向。

3. 暴力文化的影响

所谓暴力文化,是指以宣传凶杀、恐怖、战争等暴力内容,并崇尚以强凌弱,依仗暴力解决问题的电影、电视、动画片、网络游戏等音像资料,以及武侠小说等图书图画信息传播媒体。孩子缺乏鉴别能力,家长不作正确引导,孩子要看就让他看,要买就给他买,任其发展,使孩子深受其害,许多行为暴力的孩子也就从模仿开始。

打架斗殴的危害

(1) 打架斗殴是一种与社会主义道德规范严重背道而驰的恶习,它不仅损害了他人人身健康,侮辱了人格,而且妨害了社会秩序。一旦矛盾激化,极易导致严重的斗殴、伤害和杀人案件的发生。现在,有的同学脾气大,同学之间往往因一点小事就发生争吵,为几句话就可能大打出手,甚至持械伤人,最后给自己或他人以及家庭造成了不应有的痛苦和伤害,严重时便要承担法律责任。

(2) 要学会正确处理同学间的矛盾。同学之间没有根本的利害冲突,当你成年之后,你会感到最值得怀念的就是自己的学生时代,同学之间的关系是最纯真、最美好的关系。

预防打架斗殴

（1）如果和同学发生矛盾，要懂得谦让，以较高的姿态，主动地向对方检讨自己行为的不妥之处。即便是自己有理，也要先把双方矛盾缓和下来，等对方情绪平稳时再细论各方对错。如果双方的矛盾已无法自行解决时，应马上将情况报告给老师或家长，避免矛盾加深，引发斗殴。

（2）注意自身修养，不能有不文明行为。如果别人骂你或是被人一时冲动打了一下，就觉得受了气、吃了亏，非得也骂对方一句，也打对方一下，这样会使双方的矛盾越来越激化，最终可能升级为打架斗殴。

（3）当受到别人的无理嘲笑、起哄、漫骂或批评时，要心胸豁达开朗，切忌情绪激动，过分地生气而失去理智和他人争吵。对方骂人、动手打人是不文明行为，显示出你的气度和修养，让老师帮你解决，不要和对方一样野蛮。

生理卫生

最让青春期的女学生感到局促、羞涩的，莫过于乳房的发育了。面对日益膨大隆起的乳房，有些女孩便进行束胸，或戴过紧的乳罩。

女孩子进入青春期，不光是乳房的发育迅速，而且体内的各个器官，如心、肺、胃、肝等和骨骼、肌肉都在迅速地变化着。同时，骨盆也变得宽大，声调变高，胸部、肩部、臀部脂肪沉着，皮肤细嫩，体态丰腴婀娜，月经来潮，并出现阴毛、腋毛等变化。这就是青春期的第一性征。

本来，女孩子的乳房逐渐隆起，是青春期发育的正常生理现象，也会使女孩子更加健美，更有青春的活力。可是，有少数女学生认为乳房大了不好看，有这样或那样的顾虑，甚至走起路来，也不敢挺胸抬头。于是，有些女学生在乳房刚开始发育时，就戴上了又紧又小的胸罩；有的女同学则喜欢穿又紧又瘦的内衣，甚至干脆用布把胸部缠起来，稍一活动连喘气都感到费劲。显然,这样做,对于身体的生长发育是十分有害的。

青春期正是长身体的重要时期,乳房和其他器官一样都处在生长发育中,乳腺和间质都开始增生,乳房逐渐隆起。长期过紧束胸压乳,或用不合适的乳罩将其箍得很紧,势必影响乳房发育,有可能造成小乳头,或把本来向外凸出的乳头挤压得埋在乳房组织里,造成乳头凹陷,为将来婚后哺育婴儿种下不便。长期束胸还可导致胸部的活动受限而影响正常发育,可能造成肺活量减少。

女孩子乳房发育到一定阶段,就应该戴乳罩。这样,不仅能体现人体的曲线,还有支托乳房、保护乳房等重要的作用。如果没有乳罩的支托,就会促使乳房里面各部分承受的重力负担不同,从而影响乳房里的血液循环,尤其是在劳动和剧烈运动时,乳房来回摆动,乳腺管受到不均匀的牵拉,使乳房的血液循环发生障碍,很可能诱发乳房的疾病,使乳房进一步下垂。佩戴乳罩就可以避免这个问题。

乳房的发育、隆起,是每个女孩子都要经历的过程,它使女孩变得更富有青春韵味,充满青春活力。所以,要把它视为正常的生理发育过程,用不着难为情。

2. 挤青春痘

(1) 手挤针挑

一些年轻人认为,用手将痘痘里面的白色物挤出来后,痘痘就会很快消失。而且看到有的医院有时也用挤的方法治疗痘痘,所以一看到痘痘冒出来,就毫不犹豫开挤了。殊不知痘痘越挤越多,越挤越大,这是为什么呢?①手上带有很多细菌,挤破后细菌感染使得炎症加重,由小痘痘变成大脓包,最后还留下永久的疤痕;而医院都有很好的消毒措施,而且挤后还会涂上抗生素软膏防止感染,所以真要挤的话还是去医院为好。②并不是所有的痘痘都能挤的,像已发炎的痘痘,或痘痘突起还不是很明显的时候都不适合挤,前者会加重感染,后者又不能将痘痘里面的皮脂全挤出来。还有鼻唇沟附近及口周区域的痘痘也不能挤,因为该处的血流与颅内相通,一旦感染,情况可能会严重得多。如果皮损是无明显炎症的成熟粉刺,可叫医生用特制的粉刺针在严格消毒后将里面的白色物挑出,这样可防止粉刺进一步发展成炎症性及脓包。

还有部分年轻人也知道挤痘痘的坏处，但总忍不住用手去抠，似乎很难改掉抠痘的不良习惯，这主要是潜在的心理需求所致，所以很难克制，这个时候可以使用替代疗法，有需要的朋友可以找一下"妙芙乐洁肤笔"这个产品，很小巧，能随时带在身上，想挤想摸的时候就可以拿出来在痘痘上滚一滚，可以杀菌消炎，使痘痘加速收敛、干瘪，迅速脱落而不留下疤痕，很好用，既能治痘，又能满足心理需求。

（2）依赖药物

很多年轻人非常依赖外用药膏，这是因为外用药膏往往具有"立竿见影"的疗效，几天就会明显好转，这迎合了快速祛痘的心理。但从长远来看，使用外用药膏副作用很大，反而会导致青春痘症状加重，还会出现激素依赖性皮炎、皮肤敏感性增高、皮肤出黑斑、皮肤弹性差、皮肤变薄、皮肤抵抗力差、皮肤出红血丝、皮肤早衰等问题。如果要使用外用药膏，一定要在医生的指导下进行。

由于外用药膏的副作用，现在开始流行用精油治疗青春痘，因为精油被誉为天然抗生素，无毒副作用，不仅具有超强消炎和抗菌作用，还可修复发炎受损的肌肤，使皮肤恢复细致光滑。有些痘友会买回一大堆精油，然后自己来配制祛痘精油，由于不同精油功效不同，如果没有精油方面的专业知识，配出来的往往达不到满意的效果，所以网上提供具有祛痘作用的复合配方精油销售很旺。

（3）过度控油

很多年轻人都以为皮肤表面很油，就会堵塞毛孔引起痘痘，这种想法是很片面的，适量的油脂，可以保持皮肤的润泽，保护肌肤健康状态。一味地过度去油，反而会引起反弹现象，越控油越多。这是因为皮肤缺油时，会向皮脂腺发送缺油的信息，不断往外面冒油，水分的分泌比例大幅减小，最后形成一张名副其实的大油皮。

年轻人要使油性皮肤湿润，每天也只需洗脸两次。早晚使用非肥皂性质的洗面奶洁肤，之后搽上无脂性的日霜，不要过多使用控油产品，控油产品不是控油力越强越好，一定要根据自己的肤质特性选择，尽量选用专门针对适合痘痘肌肤的祛痘清颜护理香膏，可以调节水油平衡，而且清爽不油腻。另外,也不可过度去角质,过度去角质会使用皮肤变得脆弱敏感,出现红血丝等症状,尽量选用温和去角质霜,不伤害肌肤,又可去除多余角质。

(4) 忽视保养

痘痘肌肤非常脆弱,容易敏感,如果处理不当容易引起交叉感染,导致经常复发,所以更要注意小心护理,这是很多痘友最易忽视的重要环节,护理得当,往往收到事半功倍的效果。尤其使用速效祛痘的药物后,更要注意肌肤保养,因为速效祛痘药物都有一定的副作用,一般都比较容易复发。其实除了祛痘,还要注意通过日常调理改变肌肤环境,使肌肤恢复到原来的健康状态,这样才能解决根本问题。

年轻人对青春痘首先要注重预防,在青春痘萌芽期就开始采取措施,使用快捷及时的祛痘护肤品,而不是用手又抠又挤。由于采取及时措施,使得小痘痘可以随时解决,轻松无虑。同时,还要注重愈后及日常的皮肤护理,选用适合青春痘问题肌肤的专业护理产品,早晚使用,既很好地预防了青春痘复发,又使皮肤得到了日常护理保养。

节食减肥

有很多人都误认为吃得越少越能减肥,为了能让身材挺拔而有骨感,你尝试过很多的减肥办法,却都没有成功。看到别人曲线毕露的身材,你艳羡不已。怎么办?你想到了节食,也真的坚持了下来。结果体重倒真的降下来了,但你似乎也感觉到身体有些许不适。其实不是这样的。营养学者认为,我们每天需要吃 40 种以上的食物才能补充完整体内细胞对营养的需求。

我们平常的食物吃得太少,体内营养会极度缺乏或不均衡。体内细胞就因得不到充分的营养而导致体内基础代谢率下降,而且肌肉的不健康也会降低体内的基础代谢率,体内代谢减慢后热量就更难以消耗,当然也不能消耗脂肪。节食减肥者通常只吃素食,有的甚至只吃蔬菜或水果。这会造成必需的氨基酸、脂肪酸、脂溶性维生素、维生素 B_{12} 和肉碱等的缺乏。这些营养素的缺乏会使你皮肤干燥,肌肉松弛,面色苍白,头发脱落,反应迟钝；同时脂代谢效率下降，从而更进一步增加肥胖。节食减的大多是肌肉，减下来的体形也不好，一旦恢复饮食极易反弹，而且还有可能反弹得比以前更重。

人体在某个阶段得不到营养的补充，就会在恢复正常饮食后进行报复性吸收，而且肌肉所消耗的热量远远高于脂肪所消耗的热量，导致肥胖问题越来越难解决。节食减肥还会使你体力下降，运动量下降，营养素减少；长时间节食还会造成脑细胞死亡、头发脱落、骨质疏松和月经停止，以及诱发胆结石等严重后果。到后来你肯定无法坚持下去，开始多吃东西，体重最终将反弹并超反弹。

为什么呢？因为人体代谢率会随着饮食量、运动量和营养素的下降而下降。你的身体很聪明，要备战备荒，像冬眠的熊，学会调节（降低）代谢率渡过难关。所以说盲目的节食只会使你日后更胖。同时人体内细胞如果长期营养不足会转变为癌细胞，种下数十年后得癌的不幸结局，长期营养不良是得癌的主要原因之一。长期节食会造成内分泌失调，所以节食更会带来更多的健康问题。

节食减肥或许在短期内有一点效果，但却不能持久，因为它的副作用是非常严重的。节食不当，在减肥的过程中或减肥后都可能会出现不良反应：①节食减肥容易引起胆结石，并且节食越久患胆结石的可能性就越大；②节食减肥会改变节食者的大脑功能，其原因是减肥会影响多巴胺的功能，在女性体内同时还发现减肥能影响她们的情绪和血清素，使之发生变化；③节食过度，导致体重大幅度下降后，容易诱发骨质疏松症早期病变。

减肥的确能让自己达到身材苗条、楚楚动人的目的。盲目而且无节制的减肥方法却实不足取。正确的办法是在医生的指导下，按照常规的减肥方法进行治疗。平时吃饭后不要马上休息，先外出散会步，或者进行一些体育运动，用这种办法可以减少脂肪在身体内的积存，让人的身体有个良好的状态。同时，在保证自己身体不受影响的前提下，适当减少食物的摄入量，才是你最应该做的。

记住，只有你能真正地运动起来，才能对你减轻体重有帮助。最科学的减肥就是要让体内补充全面均衡的营养，让身体更有效地消耗脂肪，在这个基础上控制热量摄入来达到减肥目的。

吃减肥药

为了符合时下人们审美观念的特点,你开始热衷于通过减肥的方法来改变自己的形象。减肥药成了你唯一可以依赖的产品。花大把的金钱去购买减肥药也成了一种消费时尚,你认为,通过减肥药的作用能让自己彻底"轻松"起来。减肥药中的有效成分能帮你变成一个"窈窕"而时尚的人。

"是药三分毒",减肥药品也是如此。长期食用减肥药品,会给你的健康带来很大程度上的损伤。据了解,减肥药品一般是通过抑制饮食中枢,减少进食量来达到减肥目的。减肥药本身并没有得到医学上的临床验证,因此其功效不能在很短的时间之内就能看出。目前,还没有任何减肥药品经过药监局的正式批准,一般都是以保健品的名义上市。

减肥产品有减肥药品和减肥食品两类。减肥药品属于处方药,因此需要在医生的指导下服用。它作为处方药在市场上尽管有违规宣传和兜售行为,但是因为受到药监局监管,因此相对安全。而减肥食品不是药类,自然也不是处方药,因此非常自由,不受药监局监管,因此有商家违背《保健食品管理办法》关于食品中不得添加药物的规定,在保健品上大做文章。据了解,国内许多减肥食品内都添加了西方化学药品成分。因此,一些违禁减肥药品也很有可能会成为夺命杀手。

各种减肥药的作用不外乎三个字:泻、替、堵。"泻"就是吃后让你拉得七荤八素,体重很快降下来了,但减的是水分,脂肪减得很少;"替"就是用其他物质,如某种纤维素代替食物,让你不感到饥饿;"堵"就是通过控制饱食中枢,让你没了食欲。结果,吃遍各种药后,都几乎不可避免地在停服之后出现反弹,体重没减下来,反而落下一身毛病。

同时,减肥药品抑制饮食中枢,容易引起神经系统的紊乱,因此很可能引起人体对药物的依赖性,影响人体器官的正常功能。经常食用减肥药品,会诱发相应的疾病,出现浑身乏力,体力很差,精神疲惫等症状。有些时候,甚至还会非常讨厌饮食,依赖性厌食症就是减肥药常常引起的并发症。因此在购买减肥药品的时候,你可要注意了,千万不要仅仅看到了减肥效果，而忽略了减肥药品自己的"毒性"。

你最好不要盲目地进行减肥，要视自己的具体情况而定。如果由于肥胖而影响了正常的学习生活，不妨去看医生，找出适合自己的减肥方式，不可乱食减肥药。这是因为市场上的减肥药多种多样，大多数的成分实际上都是盐酸西布曲明，它本来是治疗抑郁症的，具有兴奋作用，但现在是全球应用最广泛的治疗肥胖症的药物之一。这种中枢神经抑制剂，通过抑制食欲，增加饱胀感，减少进食，达到减轻体重的目的。另一种较流行的减肥药是一种脂肪酶抑制剂。通过抑制脂肪的水解，减少人体对脂肪的吸收。这些药品都是以抑制食欲为基本方法的，但是不吃饭对青少年的身体是有很大损害的。

实际上，运动才是最健康、最持久的减肥方式。适量运动不但可以减肥，还可帮助青春发育期的青少年塑造完美形体，同时有助于青少年身心健康和成长。

生理期保健

女性的月经周期绝大多数是有规律的，每月来潮一次月经，是一种正常的生理现象。但是它需要依赖丘脑下部－脑垂体－卵巢的协调和子宫内膜对性激素的周期性反应来支持，这些功能反应均受到大脑皮层这个"总司令部"的管辖，如果哪个方面出了毛病，就会影响妇女的健康。

妇女在月经期间与平时相比，身体要发生一些变化。首先，经期受内分泌影响，大脑皮层兴奋性降低，免疫力下降，容易感染和诱发疾病。其次，生殖器官比平时容易感染发炎，因为经期盆腔充血，子宫内膜脱落时宫腔形成一些伤口。宫口平时紧闭，经期稍张开，病菌易侵入。此时阴道的酸度被月经冲淡，不利于消灭病菌，而且月经又可促使病菌生长繁殖，所以月经期间若不注意自我保健，或者日常生活处理不当，易患急、慢性妇科疾病，甚至影响生育能力。因此，月经期间，除了比平时更加注意保持外阴卫生，以免引起外阴、阴道、尿道的感染发炎之外，应做到以下几点不宜：

（1）情绪不宜激动。女孩进入青春期，开始来月经，这是一种正常的生理现象,要有个正确认识,不必焦虑。应与平时一样保持心情愉快,防止情绪波动,遇事不要激动,保持稳定的情绪极为重要。如女孩子初潮缺乏经验,母亲或女性亲友应及时地指导与帮助其做好经期的自我保健。

(2) 不宜太劳累。经期要注意合理安排作息时间,避免剧烈运动与体力劳动,做到劳逸结合。否则,会使盆腔进一步充血,血流加快,引起经血过多等不良现象。

(3) 不宜缺乏营养。因为月经来潮后每月要损失一定量的血液,所以要适当增加营养,如蛋白质、维生素及铁、钙等。经期多吃一些鸡蛋、瘦肉、鱼、豆制品及新鲜蔬菜、水果等。

(4) 不宜受寒凉。经期应注意保暖,避免着凉、雨淋、受寒冷刺激。不要涉水或下水游泳,或坐在潮湿、阴凉以及空调、电扇的风道口。也不要用凉水洗澡洗脚,以免引起月经失调。

(5) 不宜饮浓茶。经期应适当多饮白开水,不宜饮浓茶。因为浓茶含咖啡因较高,能刺激神经和心血管,容易产生痛经、经期延长或出血过多。同时茶中的鞣酸在肠道与食物中的铁结合,会发生沉淀,影响铁质吸收、引起贫血。此外,经期更不能饮酒、吸烟、吃刺激性强的食物。

(6) 不宜穿紧身裤。如果月经期间穿立裆小、臀围小的紧身裤,会使局部毛细血管受压,从而影响血液循环,增加会阴摩擦,很容易造成会阴充血水肿,甚至还会引起泌尿生殖系统感染等疾病。

(7) 不宜高声哼唱。月经期妇女,呼吸道黏膜充血,声带也充血,甚至肿胀。高声哼唱或大声说话,声带肌易疲劳,会出现声门不合、声音沙哑、声带损伤等。

女孩子在身体敏感、脆弱的时候,要学会保护好自己,有任何不适症状,都要去医院,一切听从医生指导。

手淫

手淫是指有意识地通过手或器具等刺激生殖器官,以寻求性高潮的一种性行为。虽然手淫只是个体的自慰行为,但其所引发的性反应过程和结果，实际上与正常的两性性交是完全相同的，同样能起到宣泄性冲动和释放性张力的作用。从现代医学和心理学观点来看，手淫是在性冲动时自我发泄性欲的举动。狭义地说是指个人用手，广义则泛指采用各种手段来刺激生殖器官或其他性敏感部位而达到性快感和高潮的各种技巧。

手淫之所以成为问题的主要原因是某些舆论和宣传对青少年所造成的巨大精神压力，简单地说就是对手淫的自责感、犯罪心理和恐惧心理造成的。一方面是他们无法摆脱手淫后产生性快感的诱惑，另一方面却背着沉重的精神包袱，带上了无法解脱的枷锁，形成了恶性循环。严格来讲，手淫既不是不正常的也不是对身体有害的行为。而且适度的手淫，对人们的健康是有益的，是对性能量的释放。但是如同暴饮暴食会造成消化不良、运动过度会使肌肉劳损一样，如果恣意手淫，沉湎色情，必然会荒废学业和损伤身体，必须坚决摒弃。我们要告诫青少年手淫的能量消耗很大，相当于激烈的百米赛跑。处在性成熟期的青少年的身心不稳定时，特别要提高自我控制和自我约束的能力。

公共卫生

1. 随地吐痰

痰不可乱吐，也不可自吞，自吞虽不害别人，但害自己。肺结核病人经常吞下含有结核杆菌的痰，很容易患消化道结核。吐痰应该吐入盂，如果一时找不到痰盂，可以将痰吐在纸上，包起来抛进果皮箱里，没有纸时可以吐在手帕上带回家再清洗干净。养成爱清洁、讲卫生的良好习惯，对己对人都有好处；慢性咳嗽、咳痰的人还应及时针对原发病采取相应措施。随地吐痰，不只是不文明的举动，而且也是不卫生的行为。痰液可能传播多种疾病，如传染性非典型肺炎、肺结核、流行性感冒、麻疹等，随地吐痰不仅危害他人健康，而且污染生活环境。

痰是由呼吸道分泌产生的。曾有过调查，在一口痰中有上万个病菌。随地吐痰把痰中的病菌带到地上，经过风吹，随尘土到处飘扬，他人吸入这种被细菌污染的空气后，在机体抵抗力下降的情况下就可能得病。从医学角度来看，随地吐痰对健康非常不利，呼吸道传染病人吐出的痰，相当于细菌的"培养基"，一口痰中会"驻扎"成千上万的病菌。这些患者的痰中含大量的细菌、病毒、病原体；肺炎链球菌是人体自身正常菌群，机体抵抗力下降时发病。流行性感冒病人在急性期是传染源，发病前后2~3天大量病毒从呼吸道排出，经飞沫或痰液传播，使人出现高热、呼吸道炎症等，并可造成流行。真菌经患者的痰积聚后，数量及密度大大增加，飞入空中后，他人可吸入致病菌（例如曲菌、奴卡菌、隐球菌、荚膜组织浆菌）。曲菌的内毒素使组织坏死，病灶为浸润性、实变、支气管周围炎或粟粒状弥漫性病变，严重者可波及胸膜、脑膜、肝、脾等全身脏器。肺结核，其传染途径主要是通过呼吸道传播，传染源主要是排菌的肺结核病人（尤其是痰涂片阳性、未经治疗者）。健康人吸入病人咳嗽出的痰液、打喷嚏时喷出的带菌飞沫，可引起肺部结核菌感染。

许多人对吐痰还存在着一些认识误区：

（1）人少的地方吐痰

认为不该在公共场所随地吐痰，但背着别人或在人少的地方吐痰就没有什么害处。实际上，痰液中的致病细菌主要通过空气传播，一口痰可令百米之外的人受到传染。另外，痰吐在地上，防范意识不强的小孩玩耍时，手或玩具不小心沾到湿痰或者干痰，很容易受到传染。所以，千万不要随地吐痰。

（2）用脚擦就没有了

有些人随地吐痰后，用脚去擦一下，从表面上看，痰没有了，实际上更加快了痰的干燥，使痰里细菌更快随风飞扬，而且鞋底的病菌又随行走带到别处，污染环境。还有人把痰吐在阴暗角落，认为看不见就不脏了。其实那些见不到阳光的地方，更适宜细菌的生长和繁殖，会产生更多的病菌。

乱倒垃圾

垃圾中带有各种细菌，是滋生传染性疾病的渠道。随手乱扔和随意乱倒垃圾，既不环保又危害人的身体健康。

非典病原体来源于动物虽没有准确考证，但吃野生动物能吃出怪病来。这种生活习惯有害人与自然、人与动物的和谐发展，破坏人类应有的生态平衡。

垃圾的危害可分为两方面：

（1）垃圾对环境的危害。环境是人类进行生产和生活活动的场所，是人类生存和发展的物质基础。随着人类和社会的发展，环境的概念也在发展，因而人类的生存环境的形成也跟人类社会一样经历了一个漫长的发展过程。从35亿年前地球水域中溶解的无机物转变为有机物，出现了生命现象，再到200万～300万年前出现了古人类，是人类用自己的劳动来利用和改造环境，把自然环境转变为新的生存环境，而新的生存环境又反作用于人类。人类在改造环自然的同时也改造了人类自己。

（2）垃圾危害人类健康。城市垃圾不仅具有不良外观，容易滋生蚊蝇、蛆虫和老鼠、散发出恶臭，而且危害人们的健康，影响市容。还会产生大量的甲烷气体逸入大气，对臭氧层的破坏极为严重。同时这些气体在垃圾堆放过程中产生的渗滤液对水环境也会产生较大污染。随着填埋年限的增长，氨氮和有机污染综和指标化学需氧量（COD）浓度急剧上升。也就是这样，人们的健康就受到危害了。

地球是我们赖以生存的家园，并为我们提供了如此美丽的环境。但是随着社会经济的迅速发展和城市人口的高度集中，生活垃圾的产量正在逐步增加，我们的这个家园正在被垃圾所包围。

一般生活垃圾可分为废纸、塑料、玻璃、金属和生物垃圾等五类。垃圾对人类生活和环境的主要危害是：

（1）占地过多。堆放在城市郊区的垃圾，侵占了大量农田。垃圾在自然界停留的时间也很长：烟头、羊毛织物1～5年；橘子皮2年；易拉罐80～100年；塑料100～200年；玻璃1000年。

(2) 污染空气。垃圾是一种成分复杂的混合物。在运输和露天堆放过程中,有机物分解产生恶臭,并向大气释放出大量的氨、硫化物等污染物,其中含有机挥发气体达 100 多种,这些释放物中含有许多致癌、致畸物。塑料膜、纸屑和粉尘则随风飞扬形成"白色污染"。

(3) 污染水体。垃圾中的有害成分易经雨水冲入地面水体,在垃圾堆放或填坑过程中还会产生大量的酸性和碱性有机污染物,同时将垃圾中的重金属溶解出来。垃圾直接弃入河流、湖泊或海洋,则会引起更严重的污染。你看,秦淮河水面上漂着的塑料瓶和饭盒,树枝上挂着的塑料袋、面包纸等,不仅造成环境污染,而且如果动物误食了白色垃圾不仅会伤及健康,甚至会死亡。

(4) 火灾隐患。垃圾中含有大量可燃物,在天然堆放过程中会产生甲烷等可燃气,遇明火或自燃易引起火灾、垃圾爆炸事故不断发生,造成重大损失。

(5) 有害生物的巢穴。垃圾不但含有病原微生物,而且能为老鼠、鸟类及蚊蝇提供食物、栖息和繁殖的场所,也是传染疾病的根源。

乱扔废弃物

有些青少年学生乱扔丢弃零食包装袋,或是随手把废弃物丢在楼道或走廊里。

虽然学校垃圾桶分类齐全,各班也有小垃圾桶,不同颜色的分类垃圾桶排放在一起,绿色的是可回收垃圾桶,蓝色的是不可回收垃圾桶,此外废旧电池等也有专门的垃圾桶。可是仍然有一些学生不以为然,随手乱扔乱丢。

为了保护环境,禁止乱扔废弃物,青少年应该做到的:

(1) 必须遵守有关禁止乱扔各种废弃物的规定,把废弃物扔到指定的地点或者容器内,特别是不要乱扔废电池,因为一节废电池中所含的重金属如果流到清洁的水中,造成的污染是非常厉害的。

(2) 在学习中,要尽量节省文具用品,杜绝浪费,比如铅笔是用木材制造的,浪费了铅笔就等于毁灭了森林。

（3）应该尽量避免使用一次性饮料杯、泡沫饭盒、塑料袋和一次性筷子，用陶瓷杯、纸饭盒、布袋和普通竹筷子来替代，这样就可以大大减少垃圾的产生。

（4）虽然泡泡糖是小朋友们十分喜爱的零食，是一种有益于人体健康的食品，但是，千万不要乱扔咀嚼后的胶基，因为它会到处乱黏。在吃的时候，可以先将它的包装纸收好，用来包裹吐出来的胶基，然后，再将它扔到废物箱内。

（5）不要随意捕杀野生动物，尤其不要吃人类的益友——青蛙，因为1只青蛙1年内大约能吃掉1.5万只昆虫，其中主要是害虫。

（6）要爱护花草树木，不破坏城市绿化，并且积极参加绿化植树活动。

（7）离开房间时，关上电灯并且拔掉电视机、音响、计算机等的电器的插头。

（8）即使在最寒冷的地方，也没有必要使室温超过18℃，如果你觉得冷，可以多穿一点衣服。

（9）尽可能用节能灯代替普通灯泡，尽管它的价格相对贵一些，但它的耗电量只及普通灯泡的一小部分。

（10）用密闭容器代替塑料包装物来储藏食物。

（11）购买饮料尽可能选择可回收再利用的罐装饮料。

（12）请携带自己的购物袋去购物，以避免使用不可回收利用、不可分解的塑料袋。

随地大小便

"不准随地大小便"，这牌子很多人都见过，但有一些青少年还是"随地大小便"。

有些青少年在公园边、墙角、绿化丛、车身后，甚至你没注意时小便，这是很不卫生的。因为随地大小便会造成环境卫生污染。

（1）污染环境及水源；

（2）创造苍蝇生长繁殖的条件；

（3）易造成疾病传播；

（4）不文明。

 流感误区

青少年在流感期间一定要少外出，勤讲卫生，多洗手，看天气情况穿衣服，最好别感冒，不去人多拥挤的地方，去医院的话，可以戴上口罩，以免传染，不接触感冒或流感的人，也可以去医院打疫苗。

流感存在许多误区，主要有：

1. 猪流感能预防

很遗憾，预防不了。2009年4月爆发于墨西哥的猪流感是一种不同的流感病毒，目前还没有疫苗能够预防。即便你在这个流感季节注射过疫苗，对猪流感也没有任何预防作用。会不会研制出猪流感疫苗呢？世界卫生组织以及相关国家正在努力开发。即便研究人员现在开始，那也要几个月的时间才能上市。实际上，预防猪流感的最好手段就是经常洗手，打喷嚏、咳嗽的时候捂住口鼻以及远离患病之人。

2. 流感恼人却无害

人们对2009年流行的猪流感关注有加，可是要记住普通的季节性流感是一种严重的疾病。在很多人看来，流感不过是重感冒而已。实际上，流感要严重得多。除了充血、咳嗽以外，还很容易出现严重的疼痛与发热症状，普通感冒则不会这样。猪流感还会给你带来更为严重的并发症。多数人患季节性流感很快痊愈，可是患猪流感的病人死亡数还在增加。

3. 流感没法治

患病之后如果尽快看医生，特别是在流感症状出现48小时以内，抗病毒药会给你帮助。达菲和瑞乐沙一类的药物不会治疗流感，但是会让你晚一两天生病，这样就减少了传染他人的机会。这些药物不仅对季节性流感有效，对猪流感也有作用。这些药物还可以给那些接触过流感的人服用，以防流感攻击，因为这样的人很可能会患上流感并发症。作为预防手段，抗病毒药在70%~90%的时间内是有效的。

4. 抗菌药能抗流感

抗菌药只能用来抗病菌性感染。流感，不论是季节性流感还是其他流感，罪魁祸首是病毒，不是病菌。所以，抗菌素对任何形式的流感都毫无作用。有些流感并发症确实有病菌感染的问题。病毒会削弱身体的免疫力，让病菌乘虚而入。流感的继发性病菌感染包括支气管炎、中耳炎、鼻窦炎以及最常见的肺炎。

5. 流感只攻击老年人

季节性流感的易感人群一般在65岁以上。但是，流感对任何人都不会"开恩"，即便是健康的青壮年也是如此。季节性流感的易感人群中，有一些是小孩。根据以往的经验，小孩对猪流感的易感性很可能会增加。